The LITTLE BLACK Disney SONGBOOK for Ukulele

T0084218

ISBN: 978-1-5400-5660-3

HAL•LEONARD®

Visit Hal Leonard Online at
www.halleonard.com

Contact us:
Hal Leonard
7777 West Bluemound Road
Milwaukee, WI 53213
Email: info@halleonard.com

In Europe, contact:
Hal Leonard Europe Limited
42 Wigmore Street
Marylebone, London, W1U 2RY
Email: info@halleonardeurope.com

In Australia, contact:
Hal Leonard Australia Pty. Ltd.
4 Lentara Court
Cheltenham, Victoria, 3192 Australia
Email: info@halleonard.com.au

The LITTLE BLACK DISNEY SONGBOOK *for Ukulele*

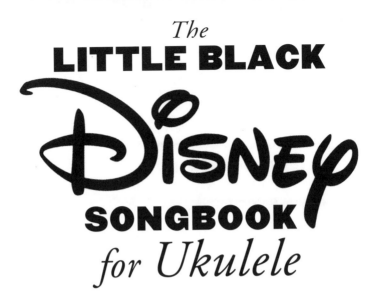

ALICE IN WONDERLAND *from ALICE IN WONDERLAND* 8
ALMOST THERE *from THE PRINCESS AND THE FROG* 10
ARABIAN NIGHTS *from ALADDIN* 16
THE ARISTOCATS *from THE ARISTOCATS* 13
THE BALLAD OF DAVY CROCKETT
from DAVY CROCKETT 18
THE BARE NECESSITIES *from THE JUNGLE BOOK* 19
BE OUR GUEST *from BEAUTY AND THE BEAST* 20
BEAUTY AND THE BEAST
from BEAUTY AND THE BEAST 26
BELLA NOTTE *from LADY AND THE TRAMP* 25
BELLE *from BEAUTY AND THE BEAST* 28
BIBBIDI-BOBBIDI-BOO (THE MAGIC SONG)
from CINDERELLA 35
BREAKING FREE *from HIGH SCHOOL MUSICAL* 36
CAN YOU FEEL THE LOVE TONIGHT
from THE LION KING 40
CHIM CHIM CHER-EE *from MARY POPPINS* 43
CIRCLE OF LIFE *from THE LION KING* 44
THE CLIMB *from HANNAH MONTANA: THE MOVIE* 46
COLORS OF THE WIND *from POCAHONTAS* 49
CRUELLA DE VIL *from 101 DALMATIANS* 52
DO YOU WANT TO BUILD A SNOWMAN? *from FROZEN* 54
DOWN TO EARTH *from WALL-E* 56
A DREAM IS A WISH YOUR HEART MAKES
from CINDERELLA 60
EVERMORE *from BEAUTY AND THE BEAST* 61

EV'RYBODY WANTS TO BE A CAT
from THE ARISTOCATS 64

FALL ON ME *from THE NUTCRACKER AND THE FOUR REALMS* 74

FOR THE FIRST TIME IN FOREVER *from FROZEN* 66

FRIEND LIKE ME *from ALADDIN* 70

GO THE DISTANCE *from HERCULES* 77

GOD HELP THE OUTCASTS
from THE HUNCHBACK OF NOTRE DAME 80

HAKUNA MATATA *from THE LION KING* 86

HAWAIIAN ROLLER COASTER RIDE *from LILO & STITCH* 83

HE'S A TRAMP *from LADY AND THE TRAMP* 88

HOW FAR I'LL GO *from MOANA* 90

I BELIEVE *from A WRINKLE IN TIME* 92

I JUST CAN'T WAIT TO BE KING *from THE LION KING* 95

I SEE THE LIGHT *from TANGLED* 98

I WAN'NA BE LIKE YOU (THE MONKEY SONG)
from THE JUNGLE BOOK 104

I WON'T SAY (I'M IN LOVE) *from HERCULES* 101

I'LL MAKE A MAN OUT OF YOU *from MULAN* 111

I'M LATE *from ALICE IN WONDERLAND* 116

IF I DIDN'T HAVE YOU *from MONSTERS, INC.* 106

INTO THE UNKOWN *from FROZEN 2* 114

IT'S A SMALL WORLD *from DISNEY PARKS' "IT'S A SMALL WORLD" ATTRACTION* 117

JUST AROUND THE RIVERBEND *from POCAHONTAS* 120

KISS THE GIRL *from THE LITTLE MERMAID* 118

LAVA *from LAVA* 123

LET IT GO *from FROZEN* 127

LIFE IS A HIGHWAY *featured in CARS* 132

LITTLE APRIL SHOWER *from BAMBI* 130

LOVE IS AN OPEN DOOR *from FROZEN* 136

MICKEY MOUSE MARCH
from THE MICKEY MOUSE CLUB 138

MY FUNNY FRIEND AND ME
from THE EMPEROR'S NEW GROOVE 140

NO WAY OUT *from BROTHER BEAR* 144

ONCE UPON A DREAM *from SLEEPING BEAUTY* 146

PART OF YOUR WORLD *from THE LITTLE MERMAID* 147

A PIRATE'S LIFE *from PETER PAN* 151

THE PLACE WHERE LOST THINGS GO
from MARY POPPINS RETURNS 152

REFLECTION *from MULAN* 154

REMEMBER ME (ERNESTO DE LA CRUZ) *from COCO* 156

SCALES AND ARPEGGIOS *from THE ARISTOCATS* 158

THE SECOND STAR TO THE RIGHT *from PETER PAN* 160

SHUT UP AND DRIVE *featured in WRECK-IT RALPH* 163

SOMEDAY *from THE HUNCHBACK OF NOTRE DAME* 166

A SPOONFUL OF SUGAR *from MARY POPPINS* 168

STRANGERS LIKE ME *from TARZAN®** 170

STRONG *from CINDERELLA* 174

SUPERCALIFRAGILISTICEXPIALIDOCIOUS
from MARY POPPINS 173

THAT'S HOW YOU KNOW *from ENCHANTED* 176

THIS IS ME *from CAMP ROCK* 180
TOUCH THE SKY *from BRAVE* 183
TRUE LOVE'S KISS *from ENCHANTED* 186
TRY EVERYTHING *from ZOOTOPIA* 188
UN POCO LOCO *from COCO* 192
THE UNBIRTHDAY SONG
from ALICE IN WONDERLAND 191
UNDER THE SEA *from THE LITTLE MERMAID* 194
WE BELONG TOGETHER *from TOY STORY 3* 204
WE DON'T TALK ABOUT BRUNO *from ENCANTO* 200
WE KNOW THE WAY *from MOANA* 198
WE'RE ALL IN THIS TOGETHER
from HIGH SCHOOL MUSICAL 209
WHEN SHE LOVED ME *from TOY STORY 2* 212
WHEN WILL MY LIFE BEGIN? *from TANGLED* 218
A WHOLE NEW WORLD *from ALADDIN* 215
WINNIE THE POOH *from THE MANY ADVENTURES OF WINNIE THE POOH** 220
THE WORLD ES MI FAMILIA *from COCO* 222
YO HO (A PIRATE'S LIFE FOR ME) *from DISNEY PARKS' "PIRATES OF THE CARIBBEAN" ATTRACTION* 226
YOU CAN FLY! YOU CAN FLY! YOU CAN FLY!
from PETER PAN 228
YOU'LL BE IN MY HEART *from TARZAN®*** 223
YOU'RE WELCOME *from MOANA* 230
YOU'VE GOT A FRIEND IN ME *from TOY STORY* 234
ZERO TO HERO *from HERCULES* 236

*BASED ON THE "WINNIE THE POOH" WORKS, BY A. A. MILNE AND E. H. SHEPARD

Alice in Wonderland

from ALICE IN WONDERLAND

Words by Bob Hilliard
Music by Sammy Fain

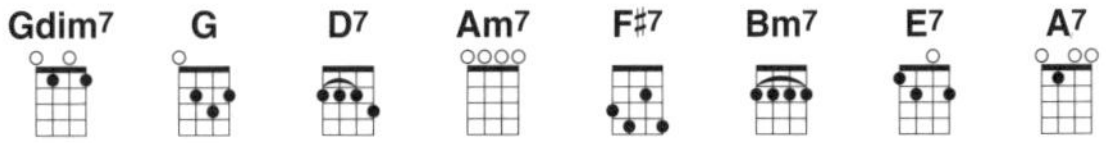

Verse 1

```
Gdim7 G   D7 G
Al  - ice in Wonderland.
Am7            D7    G
How do you get to Wonderland?
Am7         D7     G
Over the hill or underland
    Am7    D7         G
Or just be-hind the tree?
```

Verse 2

```
Gdim7 G         D7 G
When clouds go rolling by,
Am7           D7          G
They roll a-way and leave the sky.
Am7                D7          G
Where is the land be-yond the eye
      F♯7      Bm7   E7
That people cannot see?
```

```
              Am7       D7    G
*Bridge*        Where can it be?
              Am7    D7  G
              Where do  stars go?
              Am7           D7       G
              Where is the crescent moon?
                    F♯7   Bm7  E7
              They must be    somewhere
                     Am7          D7
              In the sunny after-noon.

              Gdim7  G  D7  G
*Verse 3*     Al   -  ice in  Wonderland.
              Am7          D7      G
              Where is the path to Wonderland?
              Am7      D7     G       A7
              Over the hill or here or there?
                Am7  D7  G
              I won - der  where.
```

Almost There

from THE PRINCESS AND THE FROG

Music and Lyrics by Randy Newman

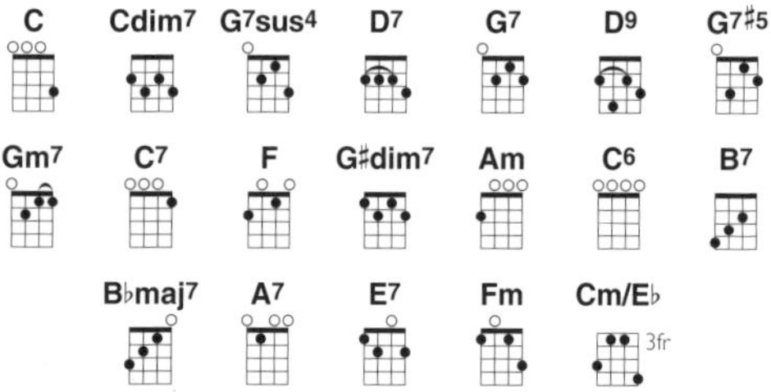

Verse 1

C Cdim7 C
'Mama, I don't have time for dancin'.
Cdim7 G7sus4 C
That's just gonna have to wait a while.
Cdim7 C
Ain't got time for messin' around,
D7 G7
And it's not my style.
D9 G7♯5 Gm7 C7
This old town can slow you down,
F C D7
People takin' the easy way,
C G♯dim7 Am
But I know ex-act-ly where I'm goin'.
D7 G7
I'm gettin' closer and closer ev'ry day.

```
                 C6  B7             B♭maj7  A7
Chorus 1   And I'm al - most there,
           F         C              D7
              I'm al - most there.
           C            E7               Am
           People down here think I'm crazy,
           D7                   G7
              But I don't care.
           C6    B7             B♭maj7  A7
           Trials and tri-bu-la-tions,
           F      C              D7
              I've had my share.
           C          E7                Am7
           There ain't nothing gonna stop me now
                      D7  G7sus4    C   C7   F   Fm   C   G7♯5
           'Cause I'm al - most there.

               C          Cdim7       C
Verse 2    I re-mem-ber Daddy told    me
           F           C              D7
           Fairy tales can come true,
           C          E7       Am
              But you   gotta make 'em happen;
             D7                G7
           It all depends on you.
                C           G7♯5          C7
           So I work real hard each and ev'ry day.
                 F              C    D7            C
           Now things for sure    are going my way.
                E7     Am
           Just   doing what I do,
           D7                  G7
           Look out, boys, I'm comin' through.
```

Chorus 2

```
            C6  B7            B♭maj7  A7
And I'm al - most there,
F           C             D7
    I'm al - most there.
C               E7                Am
People gonna come here from ev'rywhere,
            D7  G7sus4      C
And I'm al - most there,
      D7  G7sus4
I'm al - most there.
```

Interlude

```
| C   C7  | F   Fm  | C   C7  | F   Fm  |

| C   C7  | F   Fm  | C       | G7♯5    |
```

Bridge

```
Am             G7♯5       Gm7   C7
There's been trials and tri-bu-la-tions.
F                      C      D7
    You know I've had my share.
            C                E7
But I've climbed a moun - tain,
      Am
I've crossed a river,
            D7  G7sus4      C
And I'm al - most there.
A7     D7  G7          C
   I'm al - most there.
A7     D7  G7sus4  C        C7
   I'm al - most       there.
```

Outro

```
| F      Fm    | C          | D7     G7     |

| C    C7  | F      Fm   | C       | D7 G7 C |
```

The Aristocats

from THE ARISTOCATS

Words and Music by Richard M. Sherman and Robert B. Sherman

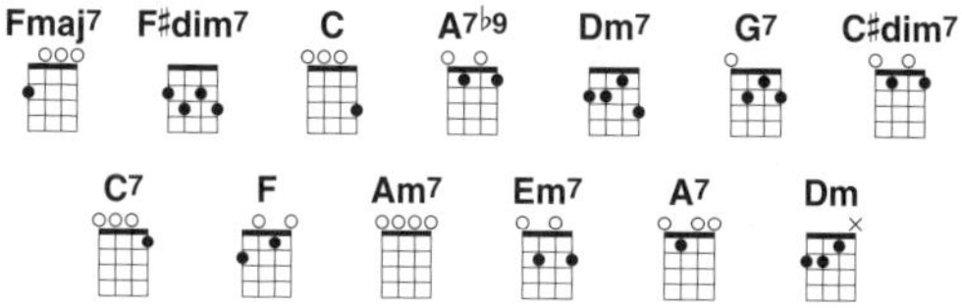

Intro

| Fmaj7 F♯dim7 | C/G A7♭9 |
| Dm7 G7 | C |

Verse 1

C
Which pet's ad-dress
C♯dim7 Dm7 G7
Is the finest in Par-is?

Which pets pos-sess
Dm7 G7 C
The longest ped-i-gree?

Which pets get
C7 F
To sleep on velvet mats?
F♯dim7 C A7♭9 Dm7 G7 C
Na - tur-elle - ment! The a-ris - to - cats!

Verse 2

```
C
Which pets are blessed
             C♯dim7 Dm7        G7
With the fairest  forms and faces?

Which pets know best
           Dm7   G7     C
All the gentle social graces?

Which pets live
    C7                     F
On cream and loving pats?
      F♯dim7    C       A7♭9   Dm7  G7  C
Na - tur-elle - ment! The a-ris  -  to - cats!
```

Bridge 1

```
N.C.               Dm7  G7     Dm7
They show a-ris-to-ca-tic bearing
G7              C
When they're seen
           Am7
Upon an airing,
          Dm7  G7     Dm7
And a-ris-to-ca-tic flair
   G7          C
In what they do

And what they say!
   Em7  A7       Em7  A7
A-ris-to-cats are never found
   Dm
In alleyways or hanging 'round
     A7
The garbage cans where
                    Dm7    G7
Common kitties play.
```

Verse 3

```
C
Which pets are known
           C#dim7      Dm7    G7
To never show their claws?

Which pets are prone
   Dm7    G7  C
To hardly any flaws?

To which pets
        C7                F
Do the others tip their hats?
   F#dim7  C       A7b9   Dm7  G7  C
Na-tur-elle-ment! The a-ris  -  to - cats!
```

Instru

```
||: C        | C        | C  C#dim7 | Dm7   G7 |
| G7         | G7       | Dm7   G7  | C        |
| C          | C        | C7        | F        |
| F  F#dim7  | C  A7b9  | Dm7   G7  | C       :||
```

Bridge 2

As Bridge 1

Verse 4

As Verse 3

Outro

```
F   F#dim7  C
Na-tur-elle-ment!
F   F#dim7  C
Na-tur-elle-ment!
F   F#dim7  C
Na-tur-elle-ment!
A7b9  Dm7  G7  C
The a-ris  -  to - cats!
```

Arabian Nights

from ALADDIN

Music by Alan Menken
Lyrics by Howard Ashman

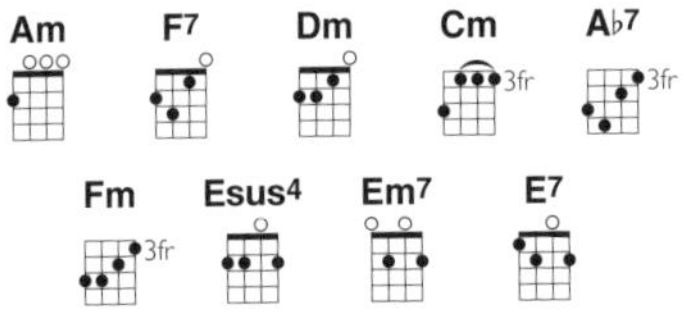

Intro | Am | Am | Am | Am |

Verse 1

Am F7
Oh, I come from a land, from a faraway place
Dm Am
Where the caravan camels roam.
Cm A♭7
Where it's flat and immense and the heat is intense.
Fm Am
It's bar-ba-ric, but hey, it's home.
F7 Am
When the wind's from the east and the sun's from the west,
F7 Esus4
And the sand in the glass is right,
Am F7
Come on down, stop on by, hop a carpet and fly
Esus4 Am
To an-oth-er Arabian night!

```
               N.C.           Am       Cm
*Chorus 1*          Arabian nights,
                              Am
               Like Arabian days
               Cm                      Am      Em7          Am
                    More often than not are hotter than hot
                    F7           E7
               In a lotta good ways.
               N.C.         Am      Cm
                  Arabian nights
                                 Am
               'Neath Arabian moons
               Cm                Am              Em7          Am
                  A fool off his guard could fall and fall hard
                    F7         E7     Am
               Out there on    the dunes.
```

The Ballad of Davy Crockett

from DAVY CROCKETT

Words by Tom Blackburn
Music by George Bruns

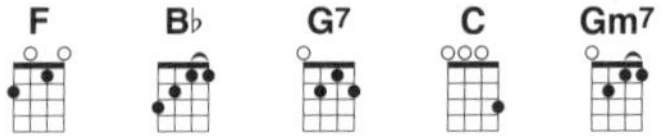

To match original recording, tune ukulele down one semitone

Verse 1

```
F                           B♭        F
Born on a mountaintop in Tennessee,
                    G7        C
Greenest state in the land of the free.
F                            B♭        Gm7
Raised in the woods so's he knew ev'ry tree,
C                          F
Kilt him a b'ar when he was only three.
```

Chorus 1

```
F     B♭   F
Davy, Davy Crockett,
C                    F
King of the wild fron-tier!
```

Verse 2

```
F                                B♭     F
Fought single-handed through the Injun war,
                             G7         C
Till the Creeks was whipped an' peace was in store
    F                        B♭        Gm7
An' while he was handin' this risky chore,
C                          F
Made himself a legend for evermore.
```

Chorus 2

```
F     B♭   F
Davy, Davy Crockett,
    C                  F
The man who don't know fear!
```

The Bare Necessities

from THE JUNGLE BOOK

Words and Music by Terry Gilkyson

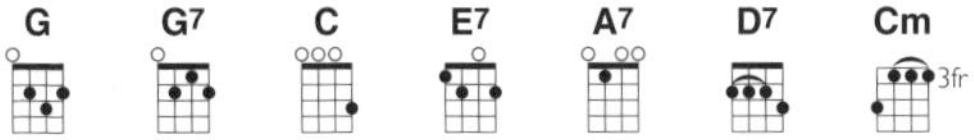

To match original recording, place capo on 5th fret

Verse

```
N.C.           G           G7
Look for the   bare ne-ces-si-ties,
    C
The simple bare necessities,
    G                E7                  A7
For-get about your worries and your strife.
D7              G          G7
    I mean the    bare ne-ces-si-ties
   C
Or Mother Nature's recipes
     G          E7      A7     D7    G
That bring the bare ne-ces-si-ties of life.
             D7                  G
Wherever I wander, wherever I roam,
              D7               G     G7
I couldn't be fonder of my big home.
                  C              Cm
    The bees are buzzin' in the tree
                 G            A7
To make some honey just for me,
            C           D7                 G
The bare ne-ces-si-ties of life will come to you.
```

Be Our Guest

from BEAUTY AND THE BEAST

Music by Alan Menken
Lyrics by Howard Ashman

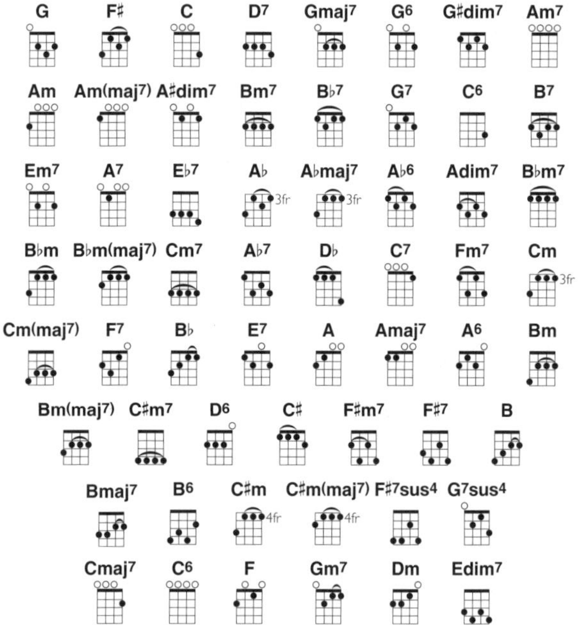

Intro

G
Lumiere: Ma chere Mademoiselle,
F♯
It is with deepest pride and greatest pleasure
C
That we welcome you tonight.

And now, we invite you to relax.
D7
Let us pull up a chair as the dining room proudly presents

your dinner!

Verse 1

```
        G               Gmaj7
Be our guest! Be our guest!
         G6               G
Put our service to the test.
                                  G♯dim7
Tie your napkin 'round your neck, cherie,
      Am7             D7
And we'll provide the rest.
           Am              Am(maj7)
Soup du-jour! Hot hors d'oeuvres!
            Am7         D7
Why, we only live to serve.
        Am7                A♯dim7
Try the grey stuff. It's de-li-cious!
         Bm7       B♭7      Am7
Don't be-lieve me? Ask the dishes!
D7       G              Gmaj7
They can sing! They can dance!
           G6
After all, Miss, this is France!
G                        G7           C
   And a dinner here is never second best.
N.C.      B7
Go on, un-fold your menu.
       Em7        A7                 Am7
Take a glance and then you'll be our guest,
         D7     G      E♭7
Oui, our guest. Be our guest!
```

Verse 2

A♭ A♭maj7
Beef ra-gout! Cheese souf-flé!
A♭6 A♭
Pie and pudding "*en flam-bé!*"
Adim7 B♭m7 E♭7
We'll prepare and serve with flair a cu-li-na-ry ca-ba-ret.
B♭m B♭m(maj7)
You're a-lone and you're scared,
B♭m7 E♭7
But the banquet's all pre-pared.
B♭m7 G♯dim7
No one's gloomy or com-plaining
Cm7 B7 B♭m7
While the flatware's enter-taining.
E♭7 A♭ A♭maj7 A♭6 A♭
We tell jokes. I do tricks with my fellow can-dle-sticks.
A♭maj7 A♭7 D♭
Mugs: And it's all in perfect taste. That you can bet!
N.C. C7
All: Come on and lift your glass.
Fm7 B♭7 B♭m7
You've won your own free pass to be our guest.
E♭7 Cm Cm(maj7) F7
Lumiere: If you're stressed it's fine dining we sug-gest.
B♭m7 Fm7 E♭7 A♭ C
All: Be our guest! Be our guest! Be our guest!

Bridge

Fm7 C
Lumiere: Life is so unnerving for a servant who's not serving.
Adim7 B♭
He's not whole without a soul to wait up-on.
A♯dim7 Fm7
Ah, those good old days when we were useful.
B♭m7 C7
Suddenly, those good old days are gone.
Fm7
Ten years we've been rusting,
C
Needing so much more than dusting.
Adim7 B♭
Needing exercise, a chance to use our skills.
A♯dim7 Fm7
Most days we just lay around the castle.
B♭m7 E♭7
Flabby fat and lazy. You walked in, *and oopsadaisy!*

Verse 3

```
E7    A            Amaj7
It's a guest! It's a guest!
        A6              A
Sakes a-live, well, I'll be blessed.
                                  A#dim7
Wine's been poured, and thank the Lord,
            Bm7              E7
I've had the napkins freshly pressed.
         Bm              Bm(maj7)
With des-sert she'll want tea.
         Bm7                  E7
And, my dear, that's fine with me.
          Bm7              Adim7
While the cups do their soft-shoeing
      C#m7      C7     Bm7       E7
I'll be bubbling! I'll be brewing!
        A              Amaj7
I'll get warm, piping hot.
         A6               A
Heaven sakes! Is that a spot? Clean it up...
     Amaj7  A7           D
We want the company im-pressed!
N.C.          C#7
We've got a lot to do.
               F#m7    B7              Bm
   Is  it one lump or two for you, our guest?
            E7
All: She's our guest!
                          C#m7            F#7
Mrs. Potts: She's our guest! She's our guest!
```

Verse 4

B Bmaj7
Be our guest! Be our guest!

B6 B
Our com-mand is your re-quest.

Adim7 C♯m
It's ten years since we had anybody here,

F♯7
And we're ob-sessed!

C♯m C♯m(maj7)
With your meal, with your ease,

C♯m7 F♯7
Yes, in-deed, we aim to please.

F♯7sus4 F♯7 G7sus4
While the candlelight's still glowing, let us help you,

G7 C Cmaj7
We'll keep going course by course, one by one!

C6 C/G
'Til you shout, "*Enough, I'm done!*"

Cmaj7 C7 F
Then we'll sing you off to sleep as you di-gest.

E7
Tonight you'll prop your feet up!

Am7 D7
But for now, let's eat up!

Dm Edim7 Dm
Be our guest! Be our guest! Be our guest!

G7sus4 G7 C
Please, be our guest!

Bella Notte

from LADY AND THE TRAMP

Music and Lyrics by Peggy Lee and Sonny Burke

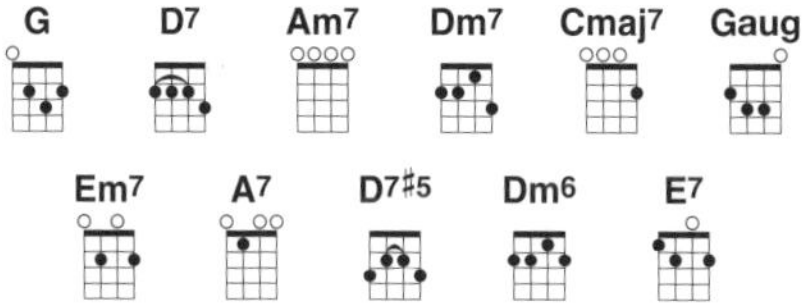

Verse

```
G
This is the night, it's a beautiful night,
                              D7
And we call it Bella Notte.
                  Am7                                    D7
Look at the skies, they have stars in their eyes
            Am7    D7     G
On this lovely Bella Notte.
     Dm7
So take the love of your loved one.
          Cmaj7     Gaug       Cmaj7
You'll need it a-bout this time
     Em7             A7          Em7   A7
To keep from falling like a star
                 Am7                   D7
When you make that dizzy climb.
D7♯5      G                       Dm6              E7
For       this is the night and heavens are right
            Am7    D7     G
On this lovely Bella Notte.
```

Beauty and the Beast

from BEAUTY AND THE BEAST

Music by Alan Menken
Lyrics by Howard Ashman

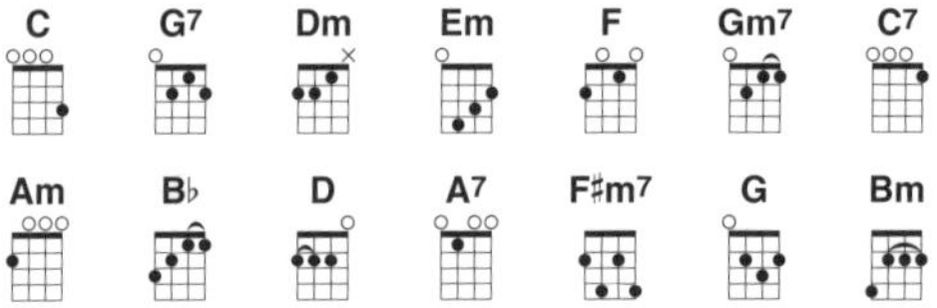

To match original recording, place capo on 1st fret

Verse 1

```
C                    G7    C                  Dm
   Tale as old as time,     true as it can be.
C               Em
   Barely even friends,
                            F                       G7
         then somebody bends un-ex-pec-ted-ly.
C               G7      C                   Gm7
   Just a little change.    Small, to say the least.
C7          F            Em       Dm
Both a little scared, neither one pre-pared.
G7              C     G7
Beauty and the Beast.
```

Bridge

```
G7                 Em     F             Em
   Ever just the same,     ever a sur-prise.
F              Em                  Am                    B♭   C
   Ever as be-fore, ever just as sure as the sun will rise.
```

Verse 2

```
D                  A7    D                  A7
   Tale as old as time,     tune as old as song.
D                      F♯m7                     G
   Bittersweet and strange, finding you can change,
                      A7
Learning you were wrong.
D                  A7  D                 Am
   Certain as the sun     rising in the East,
D              G                     Em
Tale as old as time, song as old as rhyme.
A7                D
Beauty and the Beast.
Bm                G                       Em
   Tale as old as time, song as old as rhyme.
A7                D
Beauty and the Beast.
```

Belle

from BEAUTY AND THE BEAST

Music by Alan Menken
Lyrics by Howard Ashman

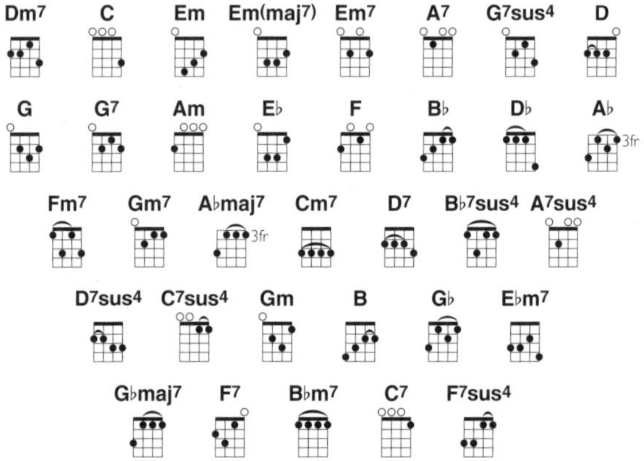

Intro

```
        Dm7              C
Little town, it's a quiet village.
        Dm7                 C
Ev'ry day like the one be-fore.
        Em    Em(maj7) Em7    A7
Little town, full  of  little people
           G7sus4
Waking up to say
C
Bonjour!
D   C
    Bonjour!
D   G
    Bonjour!

Bonjour!

Bonjour!
```

Verse 1

C G7 C
There goes the baker with his tray, like always,
Am G C
The same old bread and rolls to sell.
E♭ F B♭
Ev'ry morning just the same
D♭ E♭ A♭
Since the morning that we came
Fm7 Gm7 A♭maj7
To this poor pro-vin-cial town.
G7 C
Good morning, Belle.

Interlude 1

C
Morning, Monsieur
G7sus4 G7
Where are you off to?

The bookshop.
C
I just finished the most wonderful story
G7sus4 G7
about a beanstalk and an ogre and a...
C
Oh, that's nice. Marie!

The baguettes!

Hurry up!

Verse 2

C G7 C
Look, there she goes. That girl is strange, no question.
Am G C
Dazed and dis-trac-ted, can't you tell?
E♭ F B♭
Never part of any crowd,
D♭ E♭ A♭
'Cause her head's up on some cloud.
Fm7 Gm7 A♭maj7 G7 C
No deny-ing, she's a funny girl, that Belle.

Bridge 1

F
Bonjour!

Good day!
C
How is your fam'ly?
F
Bonjour!

Good day!
C
How is your wife?
A♭
I need six eggs.
E♭
That's too expensive.
Cm7 D7 G7sus4 G C
There must be more than this pro-vin-cial life

Interlude 2

C
Ah, Belle
G7sus4 G
Good morning, I've come to return the book I borrowed.
C
Finished already?
G7sus4 G
Oh, I couldn't put it down! Have you got anything new?
C G7sus4 G
Not since yesterday!
C G7sus4 G
That's alright, I'll borrow... this one.
E♭
That one? But you've read it, twice!
B♭7sus4
Well it's my favorite,
B♭ E♭
Far-off places, daring sword fights,
B♭7sus4 B♭
Magic spells, a prince in disguise...
C G7sus4
If you like it all that much, it's yours.
G
But, Sir!
C
I insist!
G7sus4 G
Well, thank you! Thank you very much!

```
            C                                         G7    C
Verse 3       Look, there she goes. The girl is so peculiar.
            Am                       G        C
              I wonder if she's feeling well.
                    E♭          F         B♭
            With a dreamy, far off look
                      D♭              E♭  A♭
            And her nose stuck in a book,
                     Fm7    Gm7   A♭maj7
            What a puzzle to the rest of us is Belle.


            F         G7sus4   Em
Bridge 2    Oh, isn't this      a-maz-ing!
            A7sus4    A7       D7sus4        G7sus4 C7sus4 C  C7sus4 C
              It's my fav'rite part because you'll   see.
            F  C  Dm7           G7             Em7
            Here's      where she meets Prince Charming,
            A7sus4    A7           D7sus4         D7
              But she won't dis-co-ver that it's him
                                Eb        Dm7      G
                    'til chapter three.
```

```
            C                            G7      C
Verse 4       Now it's no wonder that her name means 'Beauty.'
            Am                             G    C
              Her looks have got no pa-ra-llel.
                 E♭        F         B♭            D♭          E♭     A♭
            But be-hind that fair fa-çade I'm a-fraid she's rather odd.
                 Fm7      G7          A♭maj7  Gm7
            Very diff'rent from the rest  of  us.
                  Fm7      G7       A♭maj7  Gm7
            She's nothing like the rest  of  us.
                 Fm7       Gm7      A♭maj7  G7   C
            Yes, diff'rent from the rest  of  us is Belle.
```

```
            C
Interlude 3 Woah, you didn't miss a shot, Gaston!
            G7sus4                  G
            You're the greatest hunter in the whole world!
            E♭
            I know.
                        B♭7sus4                       B♭
            No beast alive stands a chance against you,
            E♭
            And no girl for that matter...
               B♭7sus4              B♭            C
            It's true, LeFou, and I've got my sight set on that one
            G7sus4                  G
            The inventor's daughter?
                        C                            G7sus4
            She's the one, the lucky girl I'm going to marry.
            G
            But she's...
                          B♭
            The most beautiful girl in town.

            I know, but...
                                         F          B♭
            That makes her the best. And don't I deserve the best?
                                                 F
            But of course! I mean, you do, but I...
```

```
              B♭
Verse 5       Right from the moment when I met her, saw her,
              Gm                                   F      B♭
                 I said she's gorgeous, and I fell.
                      D♭              E♭    A♭
              Here in town there's only she
                      B        D♭     G♭
              Who is beau-ti-ful as me,
                      E♭m7    Fm7     G♭maj7   F7     B♭
              So I'm making plans to woo and marry Belle.

              E♭
Bridge 3         Look, there he goes!
                      B♭
              Isn't he dreamy?
              E♭                                    B♭
                 Monsieur Gaston, oh, he's so cute.
              G♭
                 Be still, my heart!
                        D♭
              I'm hardly breathing.
                   B♭m7  C7          F7sus4     F7
              He's such a tall, dark, strong and handsome brute.
```

```
Bridge 4      C
                Bonjour! Pardon!

              Good day! Mais oui!
                               G
              You call this bacon?
              C
                What lovely flow'rs!

              Some cheese:

              Ten yards! One pound. 'Scuse me.
                           G
              I'll get the knife.
                             E♭
              Please let me through.

              This bread,

              Those fish, it's stale. they smell.
                                 B♭
              Madame's mis-tak-en.

                Well, maybe so.
                   Gm7     A7                  D7sus4 D7
              There must be more than this pro-vin-cial life.
              G7sus4 G7
              Just      watch!

              I'm going to make Belle my wife.


              C
Verse 6       Look, there she goes!
                   G7    C
              That girl is strange but special,
              Am                   G         C
                A most peculiar Mad'moi-selle.
                    F   G    C         E♭       F        B♭
              It's a pity and a sin: she doesn't quite fit in,
                           Gm7   Am7 B♭     Am7
              'Cause she really is a   funny girl.
                Gm7     Am7 B♭    Am7
              A beauty, but a funny girl.
                  Gm7   Am7 B♭      A7sus4  A   D
              She really is a   funny girl,      that Belle!
```

Bibbidi-Bobbidi-Boo

(The Magic Song)

from CINDERELLA

Words by Jerry Livingston
Music by Mack David and Al Hoffman

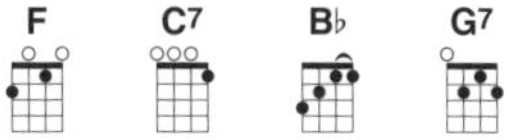

To match original recording, place capo on 3rd fret

```
            F
*Verse 1*   Salagadoola, menchicka boola, bibbidi-bobbidi-boo.
            C7
            Put 'em together and what have you got?
                               F
            Bibbidi-bobbidi-boo.

            F
*Verse 2*   Salagadoola, menchicka boola, bibbidi-bobbidi-boo.
            C7
            It'll do magic believe it or not,
                               F
            Bibbidi-bobbidi-boo.

            B♭                   F
*Bridge*    Salagadoola means menchicka booleroo,
                    G7                                    C7
            But the thingamabob that does the job is bibbidi-bobbidi-boo.

            F
*Outro*     Salagadoola, menchicka boola, bibbidi-bobbidi-boo.
            C7
            Put 'em together and what have you got?
                                                         F
            Bibbidi-bobbidi, bibbidi-bobbidi, bibbidi-bobbidi-boo.
```

Breaking Free

from HIGH SCHOOL MUSICAL

Words and Music by Jamie Houston

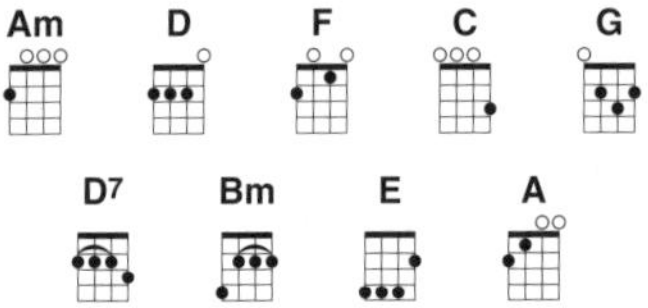

To match original recording, place capo on 3rd fret

Intro

```
      Am
We're soarin',
D
Flyin'.
F                              C                G                Am
There's not a star in hea - ven that we    can't reach.
                D
If we're try  -  in',
            F
So we're breakin' free.
```

Verse 1

```
Am                                D
   You know the world can see   us
F                    C                    G          Am
   In a way that's dif - f'rent from who    we are
                    D
Creating space be-tween us,
     F                         C    G
Till we're seperate hearts.
F
But your faith,
         D7
It gives    me strength
F
Strength to believe
```

Chorus 1

```
          Am
We're soarin',
D
Flyin'.
F                             C               G               Am
There's not a star in hea - ven that we    can't reach.
               D
If we're try  -  in',
               F
Yeah, we're breakin' free.

Oh, we're breakin' free.
```

Verse 2

```
Am                            D
   Can you feel it build  -  ing,
F                          C           G           Am
   Like a wave the o - cean just can't con-trol
                          D                 F            C   G
Connected by a feel  -  in', oh, in our very souls,
F                  D7
Rising till it lifts   us up
    F
So everyone can see?
```

Chorus 2 *As Chorus 1*

```
                Am
*Chorus 3*      Runnin',
                    D
                Climb - in',
                  F
                To get to that place
                    C              G          Am
                To be  all that we  can be.
                          D
                Now's the time,
                           F
                So we're breakin' free.
                     C              G
                We're breakin' free.

                F
*Bridge*          More than hope, more than
                D7
                  Faith, this is truth, this is fate;
                F
                  And together, we see it comin'.

                More than you, more than me,
                D7
                  Not a want, but a need:
                F
                  Both of us breakin' free.
```

Chorus

Bm
Soarin',

E
Flyin'.

G   D   A   Bm
There's not a star in hea - ven that we   can't reach.

                 E
If we're try - in',

                   G
Yeah, we're breakin' free.

           Bm
We're runnin',

                   E
Ooh, climb - in'

     G   D   A   Bm
To get to the place to be   all that we   can be.

                        E
Now's the time,

              G
So we're breakin' free.

Oh, we're breakin' free.

Outro

Bm   E
   You know the world can see us

G   D   A   G
   In a way that's diff'rent from who   we are.

Can You Feel the Love Tonight

from THE LION KING

Music by Elton John
Lyrics by Tim Rice

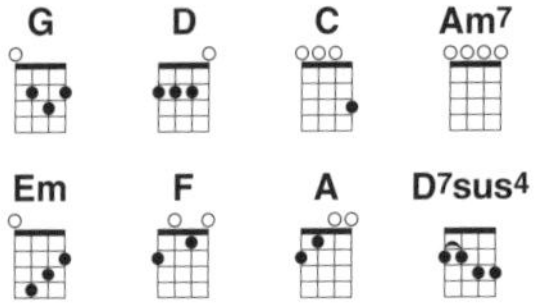

To match original recording, place capo on 3rd fret

Intro | G D | C G | C G | D G Am7 G |

Verse 1

```
C                      G        C              G
There's a calm sur-ren-der to the rush of day,
C                    G                  Am7              D
When the heat of a rolling wind can be turned a-way.
C                G          C                G
An enchanted moment, and it sees me through.
C                       Em                    F                D
It's enough for this restless warrior just to be with you.
```

Chorus 1

```
     G          D               Em     C
And can you feel the love    to-night?
G              C A     D
  It is where    we    are.
C                 G          Em         C
  It's enough    for this wide-eyed wanderer
Am7  G    C   A     D
That  we  got this far.
     G          D           Em       C
And can you feel the love to-night,
G               C      A   D
  How it's laid    to    rest?
C                  G            Em           C
  It's enough    to make kings and vagabonds
    Am7   G     C      D7sus4     C     G
Be-lieve  the  very best.
```

Interlude *As Intro*

Verse 2

```
C                    G        C            G
There's a time for ev'ryone if they only learn
C                         G              Am7            D
That the twisting ka-lei-do-scope moves us all in turn.
C                         G      C              G
There's a rhyme and reason to the wild out-doors
C                              Em
When the heart of this star-crossed voyager
F                      D
Beats in time with yours.
```

Chorus 2 *As Chorus 1*

Outro

```
 C              G             Em        C
   It's enough    to make kings and vagabonds
     Am7   G     C    D7sus4   C   G
 Be-lieve  the   very best.
```

Chim Chim Cher-ee

from MARY POPPINS

Words and Music by Richard M. Sherman
and Robert B. Sherman

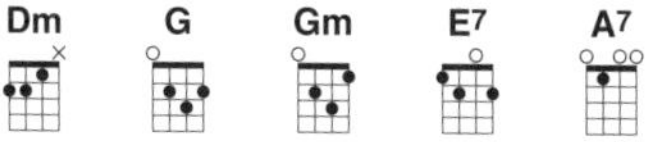

To match original recording, tune ukulele down one tone

Chorus 1

Dm   G
Chim chiminey, chim chiminey, chim chim cher-ee!
  Gm   Dm   E7   A7
A sweep is as lucky as lucky can be.
Dm   G
Chim chiminey, chim chiminey, chim chim cher-oo!
      Gm   Dm   A7   Dm
Good luck will rub off when I shakes 'ands with you.
   Gm   Dm   A7   Dm
Or blow me a kiss and that's lucky too.

Verse 1

Dm   G
Now, as the ladder of life 'as been strung,
     Gm   Dm   E7   A7
You may think a sweep's on the bottom-most rung.

Verse 2

          Dm   G
Though I spend me time in the ashes and smoke,
  Gm   Dm   A7   Dm
In this 'ole wide world there's no 'appier bloke.

Chorus 2   *As Chorus 1*

Circle of Life

from THE LION KING

Music by Elton John
Lyrics by Tim Rice

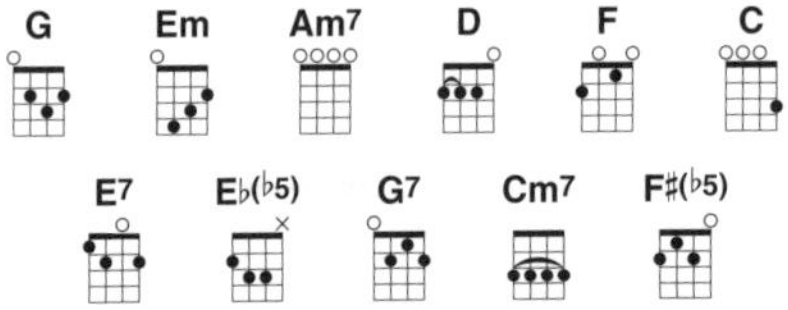

To match original recording, place capo on 3rd fret

Intro ‖: G | Em | Am7 | D :‖

Verse 1

G Am7
From the day we arrive on the planet
D G
And blinking, step into the sun,
Em Am7
There's more to see than can ever be seen;
F D
More to do than can ever be done.

G Am7
There's far too much to take in here;
D G
More to find than can ever be found.
Em Am7
But the sun rolling high through the sapphire sky
F D
Keeps great and small on the endless round.

Chorus 1

```
                     G                          F
It's the circle of life,      and it moves us all
                          C                          D
Through despair and hope, through faith and love.
                     G       E7                  Am7      E♭(♭5)
Till we find our place       on the path un-wind-ing
          G       D                 C     G
In the circle,     the circle of life.
```

Interlude

```
‖: G          | Am7        | D          | G          |

 | Em         | Am7        | F          | D          :‖
```

Chorus 2

```
                     G                          F
It's the circle of life,      and it moves us all
                          C                          D
Through despair and hope, through faith and love.
                     B♭      G7                  Cm7      F♯(♭5)
Till we find our place       on the path un-wind-ing
          B♭      F                 E♭    B♭
In the circle,     the circle of life.
```

The Climb

from HANNAH MONTANA: THE MOVIE

Words and Music by Jessi Alexander and Jon Mabe

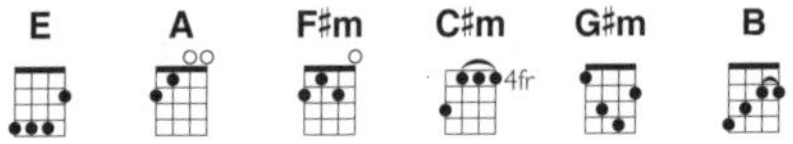

Intro | N.C. | |

Verse 1

```
E
   I can almost see it,

   That dream I'm dreamin'; but
A
   There's a voice inside my head saying
F♯m
   "You'll never reach it."
E
   Ev'ry step I'm taking,

   Ev'ry move I make feels
A
Lost with no direction;
F♯m
   My faith is shaken.
   C♯m              G♯m
But I, I gotta keep try'n;
       A                   F♯m
Gotta keep my head held high.
```

Chorus 1

```
E
   There's always gonna be another mountain;

   I'm always gonna wanna make it move.
A
   Always gonna be an uphill battle
F♯m                                    B
   Sometimes, I'm gonna have to lose.
E
   Ain't about how fast I get there;
                                          C♯m  B   A
   Ain't about what's waiting on the side;
           E
   It's the climb.
```

Verse 2

```
E
    The struggles I'm facing,

   The chances I'm taking
A
    Sometimes might knock me down, but
F♯m
    No, I'm not breaking.
E
    I may not know it, but

   These are the moments that
A
    I'm gonna remember most, yeah.
F♯m
    Just gotta keep going.
   C♯m
And I,
          G♯m
I gotta be strong,
A                  F♯m
Just keep pushing on.
```

```
              E
*Chorus 2*    'Cause there's always gonna be another mountain;

                 I'm always gonna wanna make it move.
              A
                 Always gonna be an uphill battle
              F#m                                 B
                 Sometimes, I'm gonna have to lose.
              E
                 Ain't about how fast I get there;
                                                  C#m  B  A
                 Ain't about what's waiting on the side;
                          E
                 It's the climb.

              E
*Chorus 3*       There's always gonna be another mountain;

                 I'm always gonna wanna make it move.
              A
                 Always gonna be an uphill battle;
              E         F#m   G#m      A  B  C#m
                 Some-body's gonna have  to lose.
              E
                 Ain't about how fast I get there;
                                                       C#m  B  A
                 Ain't about what's waiting on the other side;
                          E         A
                 It's the climb,    yeah.
                         E                                   A
              Keep on mov-ing, keep climbing; keep the faith, baby.
                                          E
              It's all about, it's all about the climb.
                                          A       E
              Keep the faith, keep your faith.
```

Colors of the Wind

from POCAHONTAS

Music by Alan Menken
Lyrics by Stephen Schwartz

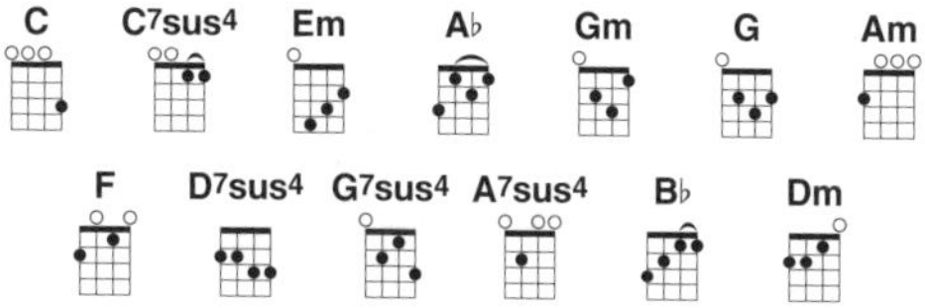

To match original recording, place capo on 1st fret

Intro

```
      C                          C7sus4
You think I'm an ignorant savage,
                 Em
And you've been so many places,
 C7sus4
I guess it must be so.
     A♭            Gm          A♭              Gm
But still I cannot see, if the savage one is me,
      C                  A♭                    G
How can there be so much that you don't know?
N.C.       C      Am     C      Am
You don't know…
```

Verse 1

```
      C                                      Am
You think you own whatever land you land on.
      C                                     Em
The earth is just a dead thing you can claim.
    Am                                    F
But I know ev'ry rock and tree and creature
       D7sus4      G7sus4       Am
Has a life, has a spirit, has a name.
```

```
                C                          Am
Verse 2     You think the only people who are people
                   C                             Em
            Are the people who look and think like you,
               Am                            F
            But if you walk in the footsteps of a stranger
                       D7sus4          G7sus4          C
            You'll learn things you never knew you never knew.

                      Am                            Em       F
Chorus 1    Have you ever heard the wolf cry to the blue corn moon,
               Am                           Em
            Or asked the grinning bobcat why he grinned?
                      F                G            C         Am
            Can you sing with all the voices of the mountain?
                      F                             A7sus4
            Can you paint with all the colors of the wind?
                    D7sus4             G7sus4       C     Am     C     Am
            Can you paint with all the colors of the wind?

                  C                                 Am
Verse 3     Come run the hidden pine trails of the forest,
                  C                                 Em
            Come taste the sun-sweet berries of the earth.
                  Am                        F
            Come roll in all the riches all a - round you,
                     D7sus4       G7sus4                 Am
            And for once never wonder what they're worth.
```

Verse 4

C Am
The rainstorm and the river are my brothers.
C Em
The heron and the otter are my friends.
Am F
And we are all connected to each other
D7sus4 G7sus4 C
In a circle, in a hoop that never ends.

Bridge

Em F C Am
How high does the sycamore grow?
B♭ F G
If you cut it down, then you'll never know.

Chorus 2

Am Em F
And you'll never hear the wolf cry to the blue corn moon,
Am Em
For whether we are white or copper-skinned,
F G C Am
We need to sing with all the voices of the mountain,
F A7sus4
Need to paint with all the colors of the wind.
Dm G Em
You can own the earth and still all you'll own is earth
F Am F G C
Un - til you can paint with all the colors of the wind.

Cruella De Vil

from 101 DALMATIANS

Words and Music by Mel Leven

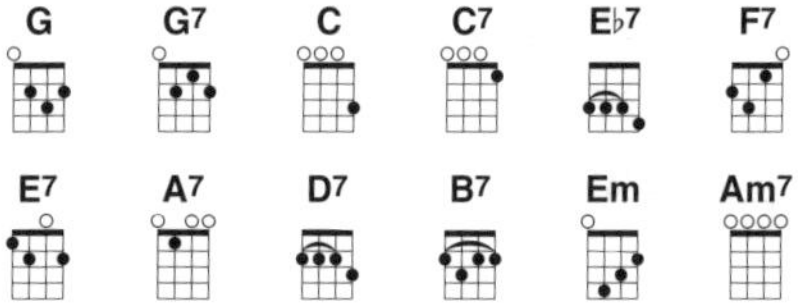

To match original recording, place capo on 1st fret

Verse 1

```
    G         G7            C        C7
Cru-ella De Vil,    Cru-ella De Vil;
  G                G7             C                C7
If she doesn't scare you, no evil thing will.
   G                Eb7               F7       E7
To see her is to take a sudden     chill.
    A7          D7       G
Cru-ella, Cru-ella De Vil.
```

Verse 2

```
    G               G7         C                C7
The curl of her lips, the ice in her stare;
   G          G7              C               C7
All innocent children had better beware.
      G                Eb7                F7       E7
She's like a spider waiting for the    kill.
     A7                 D7       G
Look out for the Cru-ella De Vil.
```

```
               B7                                   Em
Verse 3    At first, you think Cruella is the devil,
                B7                                   Em
           But after time has worn away the shock,
                A7
           You come to realize you've seen her kind of eyes
           E♭7                                       Am7   D7
           Watching you from underneath a rock.

                G        G7       C         C7
Verse 4    This vampire bat, this inhuman beast;
                G           G7           C        C7
           She ought to be locked up and never re-leased.
                G                E♭7                    F7    E7
           The world was such a wholesome place un-til
                A7       D7     G
           Cru-ella, Cru-ella De Vil.
```

Do You Want to Build a Snowman?

from FROZEN

Music and Lyrics by Kristen Anderson-Lopez and Robert Lopez

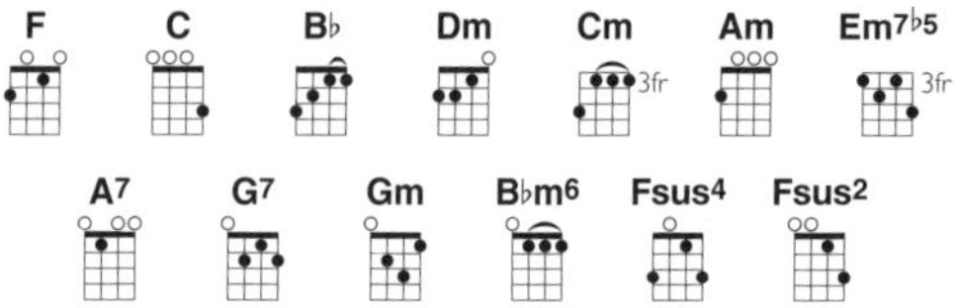

To match original recording, tune ukulele down one tone

Verse 1

```
                      F
Do you want to build a snowman?
                      C
Come on, let's go and play!
              B♭
I never see you anymore.
             Dm
Come out the door!
                      Cm
It's like you've gone a-way.
F                     B♭
  We used to be best buddies,
    Am          F
And now we're not.
 Em7♭5           A7      Dm    G7
I wish you would tell me why.
N.C.                     Gm
  Do you want to build a snowman?
                       B♭m6
It doesn't have to be a snowman.
```

Go away, Anna.

```
      F     Fsus4     Fsus2
Okay, bye.
```

| F Fsus4 Fsus2 | F Fsus4 Fsus2 |

Verse 2

C N.C. F
Do you want to build a snowman?
C
Or ride our bike around the halls?
B♭
I think some company is overdue;
Dm Cm
I've started talking to the pictures on the walls.
N.C.
Hang in there, Joan!
B♭
It gets a little lonely,
F
All these empty rooms,
A7 Dm
Just watching the hours tick by.

Verse 3

N.C. F
Elsa? Please, I know you're in there.
C
People are asking where you've been.
B♭
They say, 'Have courage,' and I'm trying to;
Dm Am
I'm right out here for you, just let me in.
B♭
We only have each other;
C F
It's just you and me.
Em7♭5 Dm G7
What are we gonna do?
N.C. F
Do you want to build a snowman?

Down to Earth

from WALL-E

Music by Thomas Newman and Peter Gabriel
Words by Peter Gabriel

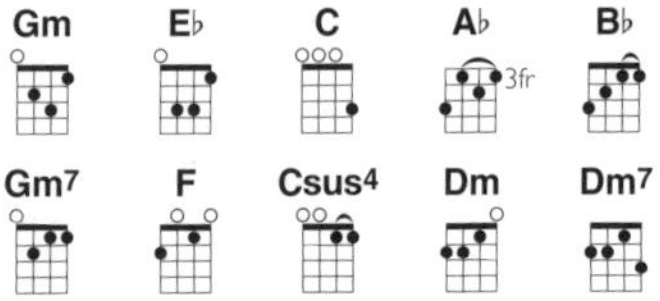

To match original recording, place capo on 1st fret

Intro | Gm | E♭ | C | A♭ |

‖: B♭ | C | B♭ | C :‖

Verse 1

B♭ C B♭
Did you think that your feet had been bound
C B♭ C B♭
By what gravity brings to the ground?
C Gm7 E♭
Did you feel you were tricked
Gm7
By the future you picked?
E♭ B♭ C B♭
Well, come on down.
C Gm7 E♭
All those rules don't ap-ply
Gm7 E♭
When you're high in the sky,
B♭
So come on down,
C
Come on down.

Chorus 1

Gm7 F Gm7 F C
We're comin' down to the ground;
Gm7 F Gm7 F C
There's no better place to go.
Gm7 F Gm7 F C
We've got snow up on the mountains;
Gm7 F Gm7 F C
We've got riv - ers down be-low.
Gm7 F Gm7 F C
We're comin' down to the ground.
Gm7 F Gm7 F C
We'll hear the birds sing in the trees,
Gm7 F Gm7 F C
And the land will be looked after.
Gm7 F Gm7 F C7sus4
We'll send the seeds out in the breeze.

| B♭ | C | B♭ | C |

Verse 2

B♭ C B♭ C
Did you think you'd es-caped from rou-tine
B♭ C B♭ C
By changing the script and the scene?
Gm7 E♭
Des-pite all you made of it,
Gm7 E♭
You were always af-raid
B♭ C B♭ C
Of a change.
Gm7 E♭
You've got a lot on your chest;
Gm7 E♭
Well, you can come as my guest,
B♭ C
So come on down
B♭
Come on down

Chorus 2 *As Chorus 1*

Bridge

```
Dm    C  Dm    C  B♭
  Like the fish in the ocean,
F     B♭   F           C
  We felt at home in the sea.
Dm  C          Dm     C  B♭
  We learned to live off the good land;
F     B♭     F              C
  We learned to climb up a tree.
Dm     C  Dm    C  B♭
  Then we got up on two legs,
F      B♭ F         C
  But we wanted to fly.
Dm   C         Dm     C     B♭
  Oh, when we messed up our homeland,
F     B♭    F     C
  We set sail for the sky.
```

Chorus 3 *As Chorus 1*

```
                Dm7   C       Gm7  F   Gm7  F
Chorus 4        We're comin' down,
                C                   Gm7  F   Gm7  F
                  Comin' down to Earth.
                C                 Gm7  F   Gm7  F
                  Like babies at birth,
                C                   Gm7  F   Gm7  F
                  Comin' down to Earth.
                C Csus4    C    Gm7 F Gm7   F
                  Redefine your pri - o - ri  -  ties:
                C                  Gm7  F   Gm7  F
                  These are ex-tra-or-di-nary qua - li - ties.

                | C   Csus4   C   | Gm7  F  Gm7  F |

                | C   Csus4   C   | Gm7  F  Gm7  F |
```

Chorus 5 *As Chorus 1*

Chorus 6 *As Chorus 4*

A Dream Is a Wish Your Heart Makes

from CINDERELLA

Music by Mack David and Al Hoffman
Lyrics by Jerry Livingston

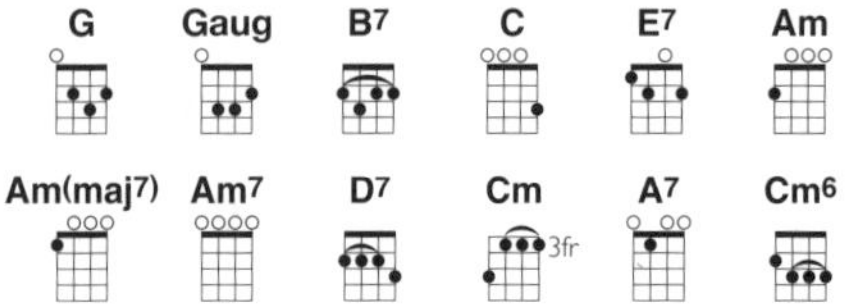

To match original recording, tune ukulele down three semitones

Verse

```
  G          Gaug       G                              B7    C      E7
A dream is a wish your heart makes when you're fast a-sleep.
  Am             Am(maj7)    Am7         D7
In dreams you will lose your heartaches,
    Am7                    G
What-ever you wish for, you keep.
                     Gaug        G
Have faith in your dreams and someday
     B7                            C          E7
Your rainbow will come smiling through.
N.C.        Am                Cm
No matter how your heart is grieving,
  G                A7
If you keep on be - lieving,
     Am7           Cm6               G
The dream that you wish will come true.
```

Evermore

from BEAUTY AND THE BEAST

Music by Alan Menken
Lyrics by Tim Rice

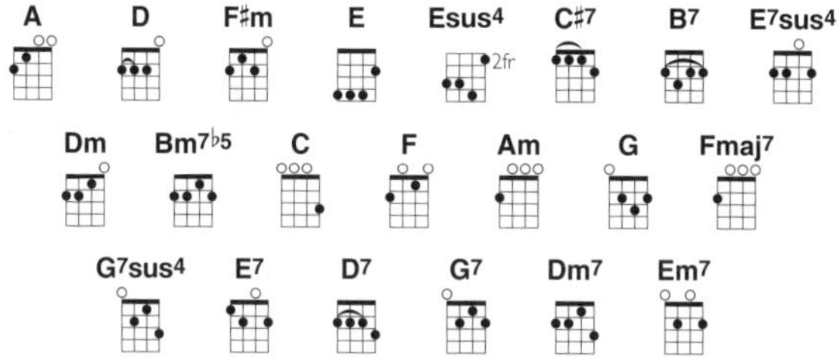

To match original recording, tune ukulele down one semitone

Verse 1

A
I was the one who had it all;
D
I was the master of my fate.
F♯m E F♯m
I never needed any - body in my life;
D A Esus4 E
I learned the truth too late.
A
I'll never shake away the pain.
D
I close my eyes, but she's still there.
F♯m E F♯m
I let her steal into my melancholy heart;
D A E D E
It's more than I can bear.

Chorus 1

D A
Now I know she'll never leave me,
D A
Even as she runs a-way.
D C♯7 F♯m A
She will still tor-ment me, calm me, hurt me,
B7 E7sus4 E
Move me, come what may.
D A
Wasting in my lonely tower,
D C♯7 F♯m Dm
Waiting by an open door,
A Bm7♭5
I'll fool myself she'll walk right in,
A E7sus4 A
And be with me for ev-er-more.

Verse 2

C
I rage against the trials of love.
F
I curse the fading of the light.
Am G Am
Though she's al-ready flown so far beyond my reach,
Fmaj7 C G7sus4
She's never out of sight.

```
                 F                   C
Chorus 2    Now I know she'll never leave me,
            F                      C
            Even as she fades from view.
            F              E7
            She will still in-spire me,
            Am      C   D7          G7sus4  G7
            Be a part   of ev'rything I do.
            F                     C
            Wasting in my lonely tower,
            F              E7   Am
            Waiting by an open door,
            Fmaj7                             C
              I'll fool myself she'll walk right in,
            Dm7          Em7                  Am  Em
              And as the long, long nights be-gin,
            Fmaj7          Em7                Am   Dm7
              I'll think of all that might have been,
                   C        G7sus4  G      C      Am  F  G7  C
            Waiting here for ev   -   er  -  more.
```

Ev'rybody Wants to Be a Cat

from THE ARISTOCATS

Words by Floyd Huddleston
Music by Al Rinker

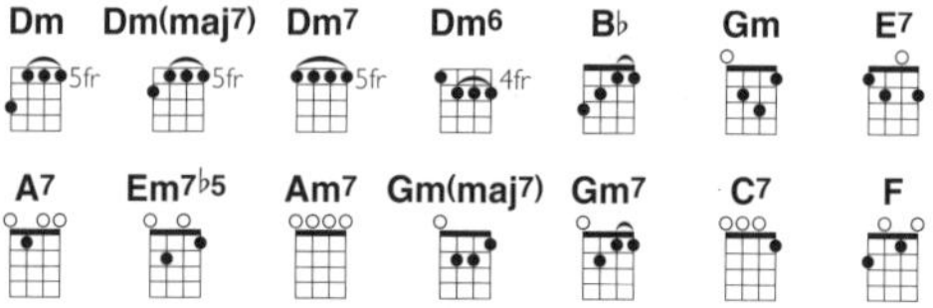

To match original recording, tune ukulele down one tone

Verse 1

Dm Dm(maj7) Dm7 Dm6
Ev'rybody wants to be a cat,
B♭ Gm
Because a cat's the only cat
E7 A7
Who knows where it's at!
Dm Dm(maj7)
Ev'rybody's pickin' up
Dm7 Dm6
On that feline beat,
B♭ Em7♭5 Am7 Dm
'Cause ev'rything else is ob - so - lete.

Bridge 1

Gm Gm(maj7)
A square with a horn
Gm7 C7
Makes you wish you weren't born
F
Ev'ry time he plays!
Em7♭5 A7
But with a square in the act,
Em7♭5 A7 Dm Em7♭5 A7
You can set music back to the caveman days!

Verse 2

```
    Dm                 Dm(maj7)               Dm7   Dm6
I've heard some corny birds who tried to sing,
          B♭            Gm
But still a cat's the only cat
    E7             A7
Who knows how to swing!
    Dm              Dm(maj7)
Who wants to dig a long-haired gig
    Dm7          Dm6
And stuff like that,
B♭                Em7♭5          Am7     Dm
  When ev-'ry-bod-y wants to be a cat.
```

Bridge 2

As Bridge 1

Verse 3

```
Dm          Dm(maj7)      Dm7        Dm6
Ev'rybody wants to be a cat,
          B♭            Gm
Because a cat's the only cat
    E7                A7
Who knows where it's at!
     Dm
When playing jazz
    Dm(maj7)     Dm7           Dm6
You always has a welcome mat,
B♭                Em7♭5        Am7          Dm
  'Cause ev-'ry-bod-y digs a swinging cat!
```

For the First Time in Forever

from FROZEN

Music and Lyrics by Kristen Anderson-Lopez and Robert Lopez

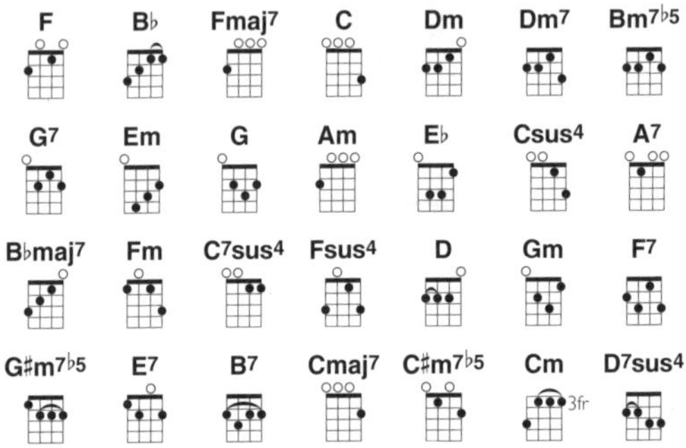


```
                F                      B♭
Verse 1         Anna: The window is open! So's that door!
                  Fmaj7                   B♭
                I didn't know they did that anymore.
                      F                     C
                Who knew we owned eight thousand salad plates?
                     F                      B♭
                For years I've roamed these empty halls.
                Fmaj7                   B♭
                Why have a ballroom with no balls?
                Dm              Dm7              Bm7♭5   G7
                Finally, they're op'ning up the gates!

                Em                            Fmaj7
Pre-Chorus 1    There'll be actual real live people;
                G             Am
                It'll be totally strange.
                     E♭                         Csus4    C
                But, wow! am I so ready for this change!
```

Chorus 1

F B♭
’Cause for the first time in for-ev-er,
C F
There’ll be music, there’ll be light.
Dm Am
For the first time in for-ev-er,
E♭ A7
I’ll be dancing through the night.
Dm Dm7
Don’t know if I’m elated or gas - sy,
B♭maj7 G7
But I’m somewhere in that zone.
Fm B♭
’Cause for the first time in for-ev-er,
C7sus4 Fsus4
I won’t be a-lone.
F Fsus4
I can’t wait to meet ev-’ry-one.
F Fsus4 F
What if I meet… …THE one!

Verse 2

B♭
Tonight, imagine me, gown and all,
Fmaj7 B♭
Fetchingly draped a-gainst the wall,
F Csus4 C
The picture of sophisticated grace.
F B♭
I suddenly see him standing there:
Fmaj7 B♭
A beautiful stranger, tall and fair.
Dm Dm7 Bm7♭5 G7
I wanna stuff some choc’late in my face!

Pre-Chorus 2

Em F
But then we laugh and talk all evening,
G Am
Which is totally biz-arre,
E♭ Csus4
Nothing like the life I’ve led so far.

F B♭
Chorus 2 For the first time in for-ev-er,
C F
There'll be magic, there'll be fun.
Dm Am
For the first time in for-ev-er,
E♭ A7
I could be noticed by someone.
Dm Dm7
And I know it is totally crazy
B♭maj7 Bm7♭5
To dream I'd find ro-mance,
Fm B♭maj7
But for the first time in for-ev-er,
C7sus4 F
At least I've got a chance.

D Am
Bridge 1 *Elsa:* Don't let them in; don't let them see;
C G Gm
Be the good girl you always have to be.
D Am G C
Conceal, don't feel, put on a show.
G Gm D
Make one wrong move, and ev'ryone will know.

C F F7
Pre-Chorus 3 But it's only for to-day. *Anna:* It's only for to-day
G G7
Elsa: It's agony to wait! *Anna:* It's agony to wait!
G♯m7♭5 E7
Elsa: Tell the guards to open up *Anna:* the gate! The gate!

Chorus 3

```
                 G                  C
Anna: For the first time in for-ev-er,

Elsa: Don't let them in; don't let them see.
                     D                    G
Anna: I'm getting what I'm dreaming of:

Elsa: Be the good girl you always have to be.
           Em                    Bm
Anna: A chance to change my lonely world,

Elsa: Conceal;
           F                   B7
Anna: A chance to find true love.

Elsa: Conceal, don't feel, don't let them know.
          Em                   Em7          Cmaj7      C#m7b5
Anna: I know it all ends to-mor-row, so it has to be to-day.
N.C.              G                   Cmaj7
  'Cause for the first time in for-ev-er,
        G        A7   Cm
For the first time in for-ev-er,
D7sus4                   G
  Nothing's in my way!
```

Friend Like Me

from ALADDIN

Music by Alan Menken
Lyrics by Howard Ashman

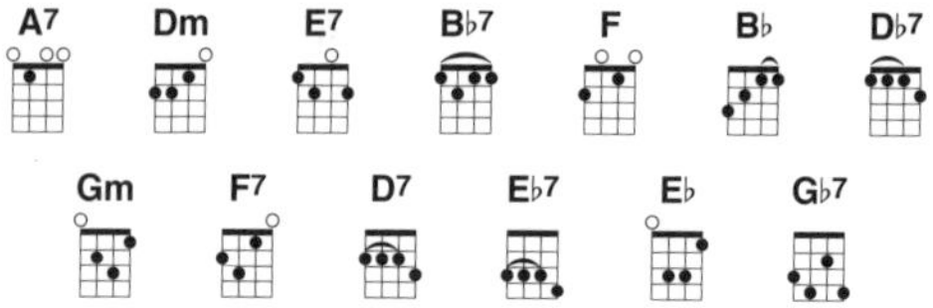

Verse 1

```
                    A7                 Dm
Well, Ali Baba had them forty thieves.
                     A7                     Dm
Schehera - zade had a thousand tales.
                       A7                  Dm
But, master, you in luck 'cause up your sleeves
                E7                         A7
You got a brand of magic never fails.
                                        Dm
You got some power in your corner now,
                       A7                    Dm
Some heavy ammunition in your camp.
                         A7                 Dm
You got some punch, pizazz, ya-hoo and how.
                   E7                     A7
See, all you gotta do is rub that lamp.
N.C.
  And I'll say…
```

Chorus 1

```
Dm              B♭7     A7
  Mister A - laddin, sir,
      Dm        B♭7       A7
What will your pleasure be?
          F                   B♭   D♭7
  Let me take your order, jot it down.
          F                      A7  Dm
You ain't never had a friend like me.
      B♭7 A7
  No, no, no.
Dm             B♭7    A7
  Life is your restau-raunt
     Dm         B♭7   A7
And I'm your maître d'.
        F                 B♭      D♭7
C'mon, whisper what it is you want.
          F                      A7  Dm
You ain't never had a friend like me.
               B♭7
  Yes, sir, we pride ourselves on service.
            Dm        A7         Dm
You're the boss, the king, the shah.
    B♭7
Say what you wish. It's yours!
                             Gm                A7
True dish how 'bout a little more bak-la-va?
Dm                 B♭7     A7
  Have some of column "A".
    Dm   B♭7       A7
Try all of column "B".
      F                B♭         D♭7
  I'm in the mood to help you, dude,
          F                      A7  Dm
You ain't never had a friend like me.
```

Interlude

Dm   B♭7   A7
Waahah. Oh   my.
Dm   B♭7   A7
Waahah. No,   no.
Dm   B♭7   A7   B♭7 A7
Waahah. Na, na, na.

Bridge

Dm
  Can your friends do this? Can your friends do that?
                                    F7
Can your friends pull this out their little hat?
                                    Dm   F
  Can your friends go poof! *Well, looky here.*
                                  A7
Can your friends go abracadabra, let 'er rip
                                                    D7
  And then make the sucker dis-ap-pear?

Verse 2

                D7   Gm
So don't cha sit there slack-jawed, buggy-eyed.
              D7   Gm
I'm here to answer all your midday prayers.
              D7   Gm
You got me   bona-fide certified.
            A7   D7
You got a genie for your chargé d'af-faires.
                                Gm
I got a powerful urge to help you out.
              D7   Gm
So whatcha wish, I really want to know.
          D7   Gm
You got a list that's three miles long, no doubt.
                A7   D7
Well, all you gotta do is rub like so. And oh.

Outro

```
Gm          E♭7    D7
  Mister A-laddin, sir,
        Gm               E♭7     D7
Have a wish or two or three.
      B♭               E♭      G♭7
  I'm on the job, you big na-bob.
           B♭
  You ain't never had a friend, never had a friend,
          G♭7
You ain't never had a friend, never had a friend,
          E♭7                    D7  Gm    E♭7    D7
You ain't never had a friend like me.
Gm      E♭7 D7    Gm       E♭7 D7
Waahah.           Waahah.
           E♭7                    D7  Gm
  You ain't never had a friend like me. Ha!
```

Fall on Me

from THE NUTCRACKER AND THE FOUR REALMS

Written by Ian Axel, Chad Vaccarino,
Matteo Bocelli and Fortunato Zampaglione

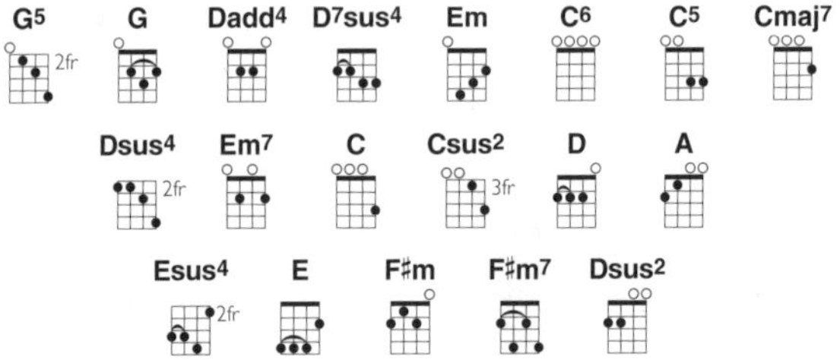

To match original recording, tune ukulele down one semitone

Intro

| G5 G | Dadd4 | D7sus4 |

| Em | G5 G | C6 |

Verse 1

C5 Cmaj7 G5
I thought sooner or later the lights up above
Dsus4
Would come down in circles and guide me to love.
Em7
But I don't know what's right for me.

I cannot see straight.
Csus2
I've been here too long and I don't want to wait for it.
G5
Fly like a cannonball, straight through my soul.
Dsus4
Tear me to pieces and make me feel whole.
Em7
I'm willing to fight for it and carry this weight.
Csus2 G5
But with ev'ry step I keep questioning what is true.

Chorus 1

```
          Dadd4              Em7
Fall on me      with open arms.
          Csus2                  G5
Fall on me     from where you are.
          Dadd4                  Em7
Fall on me      with all your light,
                 Csus2        G5
With all our light,     with all   your light.
```

Verse 2

```
G5
Presto una luce ti luminerà
Dsus4
Seguila sempre, guidarti saprà.
Em7
Tu non arrenderti, attento a non perderti
Csus2
E il tuo passato avrà senso per te.
    G5
Vor-rei che credessi in te stesso, ma sì
Dsus4
In ogni passo che muoverai qui.
     Em7             D        G
E un viaggio infinito sor-ri-de-rò se
     Csus2                        G5
Nel tempo che fugge mi porti con te.
```

Chorus 2

```
          Dadd4          Em7
Fall on me      ascoltami.
          Csus2            G5
Fall on me,     abbracciami.
          Dadd4             Em7
Fall on me,     finché vorrai.
             Csus2      Em7      D   G
Finché vorrai     finché   vorrai.
Csus2      Em7       D   G
     Finché    vorrai.
```

Bridge

```
D                  G          D           C          G
  I close my eyes    and I'm seeing you ev'rywhere.
D                G             D              C         G
  I step outside,    it's like I'm breathing you in the air.
D                          C      A
       I can feel you're there.
```

Chorus 3

```
A           Esus4  E           F#m
Fall on me,              ascoltami.
            D               A
Fall on me,   abbracciami.
            Esus4     E            F#m7
Fall on me,        with all your light,
          E   A           D          Esus4  A
With all        your light,   with all           your light.
```

Outro

```
| A        | Esus4   | F#m     | Dsus2   | A       ||
```

Go the Distance

from HERCULES

Music by Alan Menken
Lyrics by David Zippel

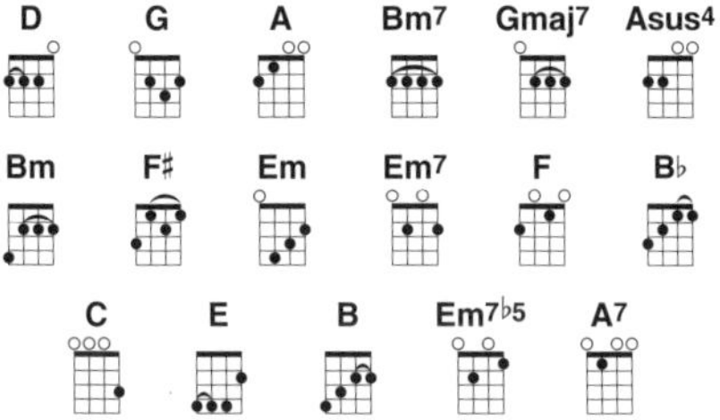

Intro | D | G A D | | G A D | |

Verse 1

G A D G A D
I have of - ten dreamed of a far-off place
G A Bm7 Gmaj7 Asus4 A
Where a he - ro's welcome would be waiting for me,
G A D G A Bm
Where the crowds will cheer when they see my face,
G F♯ Bm D G Asus4 A
And a voice keeps saying this is where I'm meant to be.

Chorus 1

D Em D A
I'll be there someday. I can go the distance.
D Em D A
I will find my way if I can be strong.
D G Bm7 Em7
I know every mile will be worth my while.
G A D A Bm D Gmaj7 G D A G
When I go the dis-tance, I'll be right where I be-long.

| D A G |

Verse 2

```
              G A      D           G    A    D
Down an un-known road to em-brace   my fate,
               G     A    Bm7              Gmaj7     Asus4  A
Though that road may wander, it will lead me to you.
           G    A    D               G    A    Bm
And a thou-sand years would be worth   the wait.
             G   F# Bm       D         G              Asus4  A
It might take a   lifetime, but some-how I'll see it through.
```

Chorus 2

```
          D                 Em  D           A
And I won't look back.        I can go the distance.
             D       Em           D                  A
And I'll stay on track. No, I won't accept de-feat.
          D             G        Bm7                 Em7
It's an uphill slope,     but I won't lose hope
         G A  D  A    Bm D   G        Asus4 A      D   A G
Till I go the dis-tance and my  journey is         com-plete.
```

Bridge

```
        D    A G
Oh, yeah.
          F                    Bb        C      A
But to look beyond the glory is the hardest part,
         D                  G                 F#
For a hero's strength is measured by his heart.
```

Instru. | E F♯ B | E F♯ B | G A D |

| Bm Em7♭5 | D | G A7 |

Chorus 3

D Em D A
Like a shooting star, I will go the distance.
D Em D A
I will search the world. I will face its harms.
D E F♯ Bm
I don't care how far. I can go the distance
G A D A Bm D G Asus4 A D
Till I find my he-ro's wel-come waiting in your arms.

| D Asus4 |

D Gmaj7 Bm7 Em7
I will search the world. I will face its harms
G A D A Bm D G Asus4 G A D
Till I find my he-ro's wel-come waiting in your arms.

God Help the Outcasts

from THE HUNCHBACK OF NOTRE DAME

Music by Alan Menken
Lyrics by Stephen Schwartz

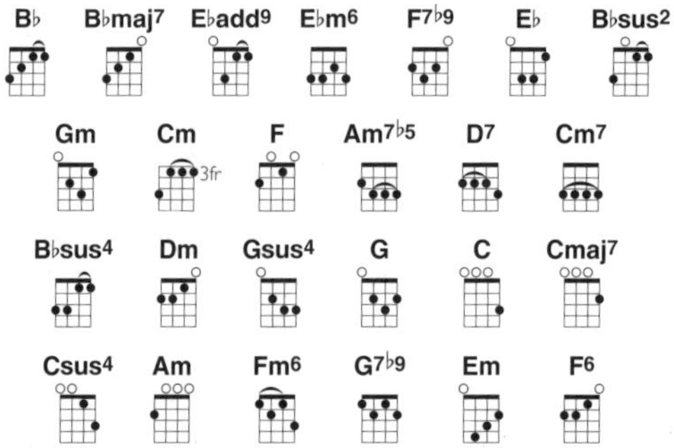

Intro

B♭	B♭maj7	E♭add9	
E♭m6	B♭maj7	F7♭9	B♭
B♭maj7 E♭	B♭	B♭maj7 E♭

Verse 1

E♭m6 B♭sus2 E♭m6 B♭
I don't know if You can hear me or if You're even there.
Gm E♭ Cm F B♭
I don't know if You will listen to a hum-ble prayer.
Gm Cm Am7♭5 D7 Gm
They tell me I am just an outcast; I shouldn't speak to You.
E♭m6 B♭
Still I see Your face and wonder:
F7♭9 B♭ B♭maj7 E♭ B♭ B♭maj7 E♭
Were You once an outcast, too?

Verse 2

B♭   B♭maj7   E♭add9
God help the outcasts, hungry from birth.
Cm7   F   B♭sus4   B♭
Show them the mercy they don't find on Earth.
Gm   F   Cm7
The lost and forgotten, they look to You still.
E♭m6   B♭   F7♭9   B♭ B♭maj7 E♭   B♭ F   E♭
God help the outcasts or nobody will.

Verse 3

B♭   B♭maj7   E♭add9
I ask for nothing, I can get by.
     Cm7   F   B♭sus4   B♭
But I know so many less lucky than I.
Gm   F   Cm7
God help the outcasts, the poor and down-trod.
E♭m6   B♭   F7♭9   B♭   F
I thought we all were the children of God.

Bridge

E♭   B♭   Cm
I don't know if there's a reason why some are blessed,
              B♭   Dm
     some not.
Gm   E♭add9
Why the few You seem to favor,
       Cm7   B♭   Dm   Gsus4   G
They fear us, flee us, try not to see us.

Verse 4

```
C                 Cmaj7       F
God  help  the  outcasts, the tattered, the torn,
Dm          G           Csus4 C             G
Seeking an answer to why        they were born.
Am                              Dm
Winds of misfortune have blown them about.
Fm6               C   Cmaj7  G7♭9             Am    Cmaj7
You made the out-casts;   don't cast them out.
     Fm6           C          Fm6           C
The poor and un-lucky, the weak and the odd;
Fm6 C         Dm  C        G7♭9        C
I      thought we   all were children of God.
```

```
| Cmaj7   F    | C         | Cmaj7   F    | Am        |
| Em          | F6         | G           | C          |
```

Hawaiian Roller Coaster Ride

from LILO & STITCH

Words and Music by Alan Silvestri and Mark Keali'i Ho'omalu

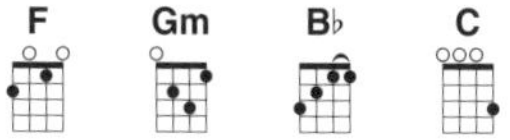


```
           N.C.
Intro      ||: Aloha, e, aloha e, (Aloha e, aloha e.)

               Ano'ai ke aloha e. (Ano'ai ke aloha e.) :||

           ||: F     Gm    | F          :||

           F                          Gm
Verse 1    There's no place I'd rather be
           F
           (Than on my surfboard out at sea.)
                                    Gm
           Lingering in the ocean blue.
           F
           (And if I had one wish come true)
               B♭                   F     B♭
           I'd surf 'till the sun sets   be-yond the horizon.
           F                 Gm
           (Awikiwiki, mai lohi-lohi.
           F
           Lawe mai i ko papa he'e nalu.)
           C                 B♭                    F    Gm    F
              Flying by on a Ha-waiian roller coaster ride.
```

```
           F
Chorus     Awikiwiki, mai lohilohi.
           B♭               F
           (Lawe mai i ko papa he'e nalu.)

           Pi'i na lulu la lahalaha.
           B♭               F
           (O   ka moana hanupanupa.)
           C
           Lalala i ka la hanahana.
               B♭
           (Me   ke kai hoene i ka pu'e one.)
           F
           Helehele mai kakou e.
           N.C.
           (Hawaiian roller coaster ride.)

           F                            Gm
Verse 2    There's no place I'd rather be
           F
           (Than on the seashore dry, wet and free.)
                                          Gm
           On golden sand is where I'd lay,
           F
           (And if I only had my way)
              B♭                     F    B♭
           I'd play 'till the sun sets   be-yond the horizon.
           F                  Gm
           (Lalala i ka la hana-hana.)
              F
           Me   ke kai hoene i ka pu'e one.
           C                     B♭                   F    Gm   F
             It's time to try the Ha-waiian roller coaster ride.
```

Bridge

```
F
Hang loose, hang ten, how's it shake-a-shaka?
Bb                 F
No worry, no fear.  Ain't no biggie, brahda.

Puttin' in, cuttin' up, cuttin' back, cuttin' out.
Bb                     F
Front side, back side,  goofy-footed wipeout.
C
Let's go jumpin', surf's up and pumpin'.
Bb
Coastin' with the motion of the ocean.
F
Whirlpools swinging, cascading, swirling.
N.C.
Hawaiian roller coaster ride.
```

Slide Gtr Solo *As Verse 1 (Instrumental)*

Banjo Solo

```
| F    Gm | F       |    Gm | F     |
| Bb   F  | Bb      | F  Gm | F     |
| C       | Bb      | F  Gm | F     |
|      Gm | F       |
```

Verse 3 *As Verse 1*

Outro-Chorus *As Chorus*

Hakuna Matata

from THE LION KING

Music by Elton John
Lyrics by Tim Rice

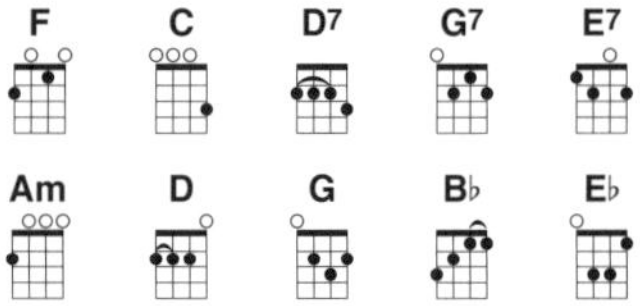


```
                   N.C.          F                              C
Chorus 1   Timon: Hakuna ma-tata…what a wonderful phrase!
                                   F        D7                  G7
           Pumbaa: Hakuna ma-tata… ain't no passing craze.
                       E7          Am       C        F            D
           Timon: It means no worries for the rest of your days.
                                                C                  G
           Timon & Pumbaa: It's our problem-free phi-losophy.
                   N.C.        C
           Timon: Hakuna ma-tata.

                                         B♭        F           C
Verse      Timon: Why, when he was a young wart-hog…
                                  B♭       F           C
           Pumbaa: When I was a young wart-hog!
                   N.C.
           Timon: Very nice. Pumbaa: Thanks.
                      E♭                                  F
           Timon: He found his aroma lacked a certain appeal.
                      C                                G
           He could clear the savannah after ev'ry meal!
                                 B♭              F                     C
           Pumbaa: I'm a sensitive soul,   though I seem thick-skinned.
                   E♭               F                            G
           And it hurt that my friends never stood down wind!
```

```
                              N.C.          F
Chorus 2    Timon & Pumbaa: Hakuna ma-tata…
                                    C
                what a wonderful phrase!
                              F      D7              G7
            Pumbaa: Hakuna ma-tata… ain't no passing craze.
                     E7          Am      C      F          D
            Simba: It means no worries for the rest of your days.
                                      C                G
            Timon & Simba: It's our problem-free phi-losophy.
            N.C.             C
               Hakuna ma-tata.
                                    F                  G
            All: Hakuna matata. Hakuna matata. Hakuna matata.
                     E7          Am      C      F          D
            Simba: It means no worries for the rest of your days.
                                      C                G
            Timon & Simba: It's our problem-free phi-losophy.
            N.C.             C                  F
               Hakuna ma-tata. Hakuna ma-tata.

               G             C                  F
Outro       ||: Hakuna ma-tata. Hakuna ma-tata. :||  Repeat and fade
```

He's a Tramp

from LADY AND THE TRAMP

Words and Music by Peggy Lee and Sonny Burke

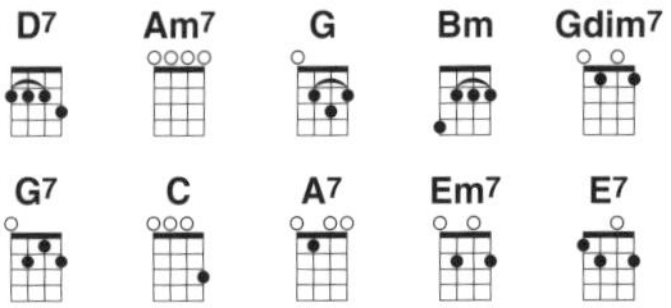

Verse 1

```
           D7      Am7            D7
He's a tramp,     but they love him.
Am7           G              D7          Am7
   Breaks a new heart     ev'ry-day.
          Bm      D7          G
He's a tramp,     they a-dore him
          Gdim7              D7          G
And I only hope he'll stay that way.
```

Verse 2

```
           D7      Am7          D7
He's a tramp,     he's a scoundrel,
Am7         G           D7           Am7
   He's a rounder,     he's a cad,
          Bm      D7        G
He's a tramp,     but I love him.
        Gdim7         D7               G
Yes, even I have got it pretty bad.
```

```
                    G7
Bridge      You can never tell when he'll show up.
            C
              He gives you plenty of trouble.
            A7                    Em7
              I guess he's just a no 'count pup.
                    E7          Am7     D7
              But I wish that he were double.

                          Am7        D7
Outro       He's a tramp,     he's a rover
            Am7              G         D7        Am7
              And there's nothing more to say.
                    Bm       D7         G
            If he's a tramp,       he's a good one
                  Gdim7               D7        G
            And I wish that I could travel his way.
```

How Far I'll Go

from MOANA

Music and Lyrics by Lin-Manuel Miranda

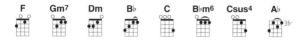

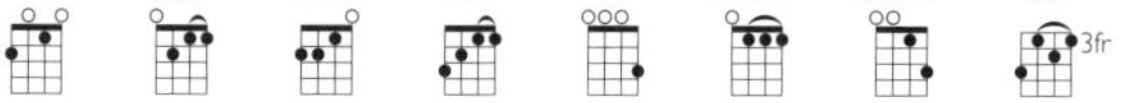

To match original recording, tune ukulele down one tone

Verse 1

F   Gm7
I've been staring at the edge of the water
                     Dm   B♭
Long as I can re-mem-ber, never really knowing why.
F   Gm7
I wish I could be the perfect daughter,
                              Dm   B♭
But I come back to the water no matter how hard I try.

Pre-Chorus 1

         Dm
Ev'ry turn I take, ev'ry trail I track,
         C
Ev'ry path I make, Ev'ry road leads back
         F
To the place I know where I cannot go,
            B♭m6
Where I long to be.

Chorus 1

         F   Csus4
See the line where the sky meets the sea, It calls   me,
      C   Dm   B♭
And no one knows how far it goes.
      F   Csus4
If the wind in my sail on the sea stays behind   me,
      C   Dm   B♭m6   F
One day I'll know. If I go, there's just no telling how far I'll go.

Verse 2

Gm7 Dm
I know ev'rybody on this island seems so happy on this island.
B♭
Ev'rything is by de-sign.
F Gm7 Dm
I know ev'rybody on this island has a role on this island,
B♭ F
So maybe I can roll with mine.

Pre-Chorus 2

Dm
I can lead with pride, I can make us strong.
C
I'll be satisfied if I play along,
F
But the voice inside sings a diff'rent song.
B♭m6
What is wrong with me?

Chorus 2

F Csus4
See the light as it shines on the sea: it's blind - ing,
C Dm B♭
But no one knows how deep it goes.
F Csus4
And it seems like it's calling out to me, so come find me
C Dm B♭m6
And let me know. What's be-yond that line? Will I cross that line?

Chorus 3

F Csus4
The line where the sky meets the sea, it calls me,
C Dm B♭
And no one knows how far it goes.
F Csus4
If the wind in my sail on the sea stays behind me,
C Dm F A♭ C
One day I'll know how far I'll go!

I Believe

from A WRINKLE IN TIME

Words and Music by Khaled Khaled, Demi Lovato,
Denisia Andrews and Brittany Coney

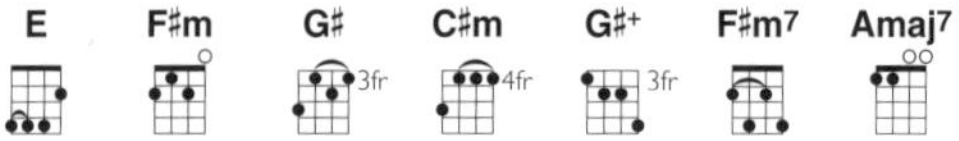


```
              E   F♯m  G♯   C♯m
Intro                  Ooh,      yeah.
              E   F♯m  G♯   C♯m
                       Ooh.

              E                 F♯m  G♯                      C♯m
Verse 1         Some people stay     and some people move.
              E                       F♯m  G♯                    C♯m
                Tough times don't last,     but tough people do.
              E                F♯m                  G♯       C♯m
                As long as you've got hope,    you'll find your way.
              E             F♯m                            G♯
                There's power in the thoughts that you think,
                                          C♯m
              There's power in the words you say.

              E                  F♯m                G♯  C♯m
Pre-Chorus 1    Like 'I can, I can, I will, I will.'
              E             F♯m                   G♯   C♯m
                I am, I am, no fear, no fear.

              E     F♯m G♯   C♯m  E          F♯m            G♯    C♯m
Chorus 1        To   -  day         I saw a rainbow in the rain.
              E             F♯m     G♯        C♯m
                It told me I can do anything
                       E                        F♯m
              If I be-lieve, I believe, I be-lieve in me.
                   G♯                         C♯m
              I be-lieve, I believe, I be-lieve in me.
              E   F♯m  G♯   C♯m
                       Ooh, yeah.
              E   F♯m  G♯   C♯m  N.C.
                       Ooh.
```

```
                 E              F♯m   G♯            C♯m
Verse 2            I got the light    inside of me,
                 E                       F♯m    G♯                 C♯m
                   And I've got no choice    but to let it breathe.
                 E              F♯m
                   As long as    there is love,
                 G♯                        C♯m
                   I can make it anywhere I go.
                 E        F♯m
                      If I follow my dreams,
                 G♯                             C♯m
                 I'll end up building a yellow brick road.

                 E                 F♯m          G♯         C♯m
Pre-Chorus 2       Like I can, I can, I will, I will.
                 E             F♯m            G♯        C♯m
                   I am, I am, no fear, no fear.
```

Chorus 2 *As Chorus 1*

```
                 F♯m7                G♯aug
Bridge             I'm living my best life,
                 Amaj7                                        F♯m7
                 I am a flower that's blooming like roses in spring.
                            G♯aug
                 Living my best life,
                 Amaj7                                      F♯m7
                 I am wearing a crown that's only fit for a queen.
                     G♯aug    Amaj7         F♯m7
                 I'm glorious,         vic-tor-ious,
                    G♯aug   Amaj7
                 A warrior.
```

```
            E     F♯m   G♯aug  C♯m   E          F♯m          G♯aug C♯m
Chorus 3      To    -    day                 I saw a rainbow in the rain.
            E          F♯m      G♯       C♯m
              It told me I can do anything
                  E                  F♯m
            If I believe, I believe, I believe in me.
               G♯                  C♯m
            I believe, I believe, I believe in me.

            E                  F♯m        G♯      C♯m
Interlude     When times got hard, I went harder.
                          E                  F♯m      G♯
            Best thing I ever did was believe      in me.
                C♯m
            I be-lieve.

            E     F♯m  G♯aug  C♯m  E          F♯m          G♯aug   C♯m
Chorus 4      To    -   day                I saw a rainbow in the rain.
            E            F♯m     G♯        C♯m
              It told me I can do anything
                  E                   F♯m
            If I be-lieve, I believe, I be-lieve in me.
               G♯                    C♯m
            I be-lieve, I believe, I be-lieve in me.

            E             F♯m  G♯aug              C♯m
Outro             To suc-ceed,         you must be-lieve
                          E
            (We the best music.)
                F♯m
            I be-lieve.
                       G♯aug
            (Another one.)
                          C♯m
            A wrinkle in time.
```

I Just Can't Wait to Be King

from THE LION KING

Music by Elton John
Lyrics by Tim Rice

G C D Am C7 Cmaj7

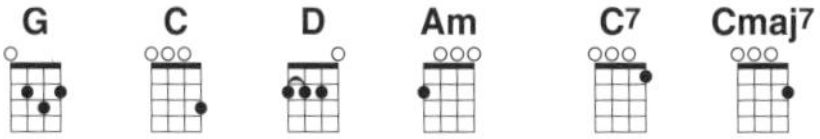

To match original recording, tune ukulele down one tone

Intro ‖: G | C G | | D :‖

Verse 1
 G
Simba: I'm gonna be a mighty king, so enemies beware!
 C
Zazu: Well, I've never seen a king of beasts with
 G
quite so little hair.

Simba: I'm gonna be the mane event, like no king was before.
 C **G**
I'm brushing up on looking down. I'm working on my roar!

Chorus 1
 Am **G** **D** **N.C.**
Zazu: Thus far, a rather uninspiring thing.
 C7 **D** **G**
Simba: Oh, I just can't wait to be king!
 C **G**
Zazu: You've rather a long way to go, young Master!
 N.C.
 If you think...

Bridge 1

```
                       C
Simba: No one saying "do this,"
```

Zazu: Now when I said that I...

```
                       Am
Simba: No one saying "be there,"
```

Zazu: What I meant was that the...

```
                          D
Simba: No one's saying "stop that,"
```

Zazu: But what you don't realize...

```
                       G
Simba: No one saying "see here."
```

Zazu: Now see here!

```
       C     G     Am    Cmaj7 D
Simba: Free to run a-round all  day,
```

Zazu: Well, that's definitely out.

```
       C7         D   G
Simba: Free to do it all my way!
```

Verse 2

```
      G
Zazu: I think it's time that you and I arranged a heart to heart.
       C                                    G
Simba: Kings don't need advice from little hornbills, for a start.
```

```
Zazu: If this is where the monarchy is headed, count me out!
      C                       G
Out of service, out of Africa. I wouldn't hang about.
```

Chorus 2

```
              Am                         G    D  N.C.
Zazu: This child is getting wildly out of wing.
                 C7        D        G
Simba: Oh, I just can't wait to be king!
```

```
                              C                          Am
Bridge 2    Simba: Ev'rybody look left. Nala: Ev'rybody look right.
                                        D
            Simba: Ev'rywhere you look I'm
                                                  G
            Simba & Nala: Standing in the spotlight.

            Zazu: Not yet.
                              C    G       Am   Cmaj7    D
            Simba & Nala: Let ev'ry creature go for broke and sing.
                C      G     Am      Cmaj7 D
            Let's hear it in the herd and on the wing.
               C   G      Am       Cmaj7 D
            It's gonna be King Simba's finest  fling.

                           C7        D       G
Outro-Chorus Simba: Oh, I just can't wait to be king.
                C7       D       G
            Oh, I just can't wait to be king.
                C7       D   N.C. G
            Oh, I just can't wait to be king!
```

I See the Light

from TANGLED

Music by Alan Menken
Lyrics by Glenn Slater

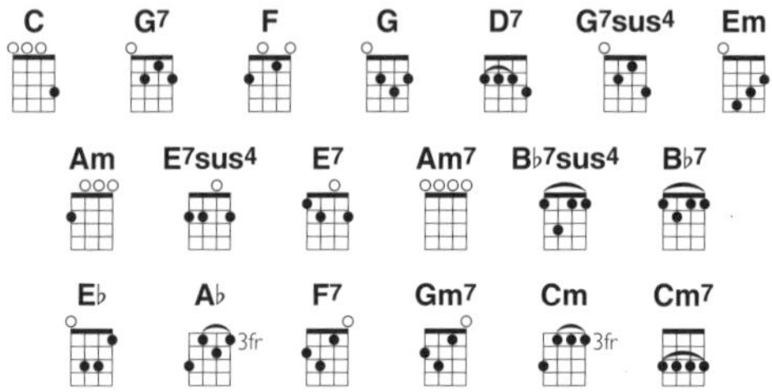

Verse 1

C
All those days,
G7 C
Watching from the windows.

All those years
G7 C
Outside, looking in.
F
All that time,
C F G
Never even know-ing
C D7 G7sus4 G7
Just how blind I've been.

Verse 2

C
Now I'm here,
G7 C
Blinking in the starlight.

Now I'm here;
G7 C
Suddenly I see.
F
Standing here,
Em
It's oh, so clear
Am D7 G7sus4 G
I'm where I'm meant to be.

Chorus 1

```
         F            C
And at last I see the light,
          G7                C
And it's like the fog has lifted.
         F            C
And at last I see the light,
          E7sus4 E7    Am7
And it's like the sky is new.
          F                   C
And it's warm and real and bright,
          Em                    F
And the world has somehow shifted
C
All at once,
G7                C
Ev'rything looks diff'rent,
F        G7    C     B♭7sus4    B♭7
Now that I see you.
```

Verse 3

```
E♭
All those days,
B♭7              E♭
Chasing down a daydream

All those years,
B♭7        E♭
Living in a blur.
A♭
All that time,
E♭           A♭  B♭7
Never truly see-ing
E♭      F7             B♭7sus4   B♭7
Things     the way they were.
```

```
            E♭
Verse 4     Now she's here,
            B♭7            E♭
            Shining in the starlight.

            Now she's here;
            B♭7          E♭
            Suddenly I know:
            A♭
            If she's here,
               Gm7
            It's      crystal clear
               Cm        F7         B♭7sus4  B♭
            I'm where I'm meant to go.

            A♭                       E♭
Chorus 2    And at last I see the light,
                     B♭7sus4  B♭     E♭
            And it's like the  fog has lifted.
                  A♭           E♭
            And at last I see the light,
                     G7sus4  G      Cm
            And it's like the sky is new.
                     A♭                    E♭
            And it's warm and real and bright,
                     Gm7                   A♭
            And the world has somehow shifted.

            E♭
Outro       All at once,
            B♭7          E♭
            Ev'rything is diff'rent,
            A♭        B♭7     E♭      Cm7      F7
            Now that I see you.
            B♭7sus4  B♭7  E♭
            Now that I see you.
```

I Won't Say (I'm in Love)

from HERCULES

Music by Alan Menken
Lyrics by David Zippel

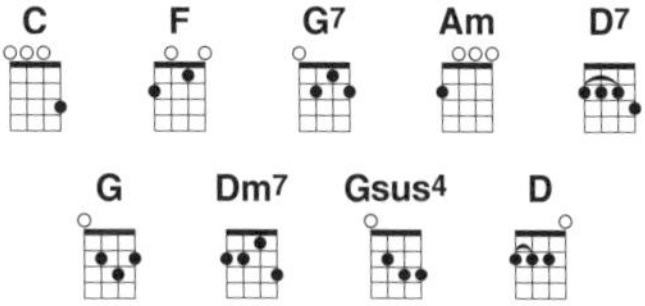

Verse 1

```
C                                   F
     If there's a prize for rotten judgement,
C                              F    G7
     I guess I've already won that.
Am                                     C   D7
     No man is worth the ag-gra-va-tion.
N.C.                               F     G7     F     G
     That's ancient history, been there, done that.
```

Bridge 1

```
C
Who d'ya think you're kiddin',
      F                  G
He's    the Earth and heaven to you.
C
Try to keep it hidden,
      Am
Hon-ey, we can see right through you.
F
Girl, ya can't conceal it,
     C
We     know how ya feel and
                 Dm7      Gsus4  G
Who you're thinking of.
```

```
             C
Chorus 1     No chance, no way,
                                Am
             I won't say it, no, no.

             You swoon, you sigh.
                                  F
             Why deny it? Uh, oh.

             It's too cliché,
                     G          C      G7
             I won't say I'm in love.

             C                                      F
Verse 2         I thought my heart had learned its lesson.
             C                                   G7
                It feels so good when you start    out.
             Am                                     D
                My head is screaming, get a grip, girl,
             G                               F   G7   F    G
                Unless you're dying to cry your heart out.

             C
Bridge 2     You keep on denying
                 F            G
             Who   you are and how you're feeling.
             C
             Baby, we're not buying.
                Am
             Hon,   we saw you hit the ceiling.
             F
             Face it like a grown-up,
                  C
             When   ya gonna own up
                      Dm7            G7
             That ya got, got it, got it bad?
```

Chorus 2

C
No chance, no way,

Am
I won't say it, no, no.

Give up, give in.

F
Check the grin, you're in love.

This scene won't play,

G7
I won't say I'm in love.

C
You're doin' flips, read our lips: you're in love.

Chorus 3

C
You're way off base,

I won't say it.

Am
Get off my case,

I won't say it.

F
Girl, don't be proud,

G7 C Am F
It's O.K. you're in love.

G7
Oh, at least out loud,

C
I won't say I'm in love.

I Wan'na Be Like You
(The Monkey Song)
from THE JUNGLE BOOK

Words and Music by Richard M. Sherman and Robert B. Sherman

Cm G7 B♭ E♭ F C D♭

```
                   Cm                                                                    G7
*Verse 1*    Now I'm the king of the swingers, oh, the jungle V.I.P.

             I reached the top and had to stop,
                                                         Cm
                  and that's what's bothering me.
                                                                           G7
             I wanna be a man, mancub, and stroll right into town

             And be just like the other men;
                                                         Cm
                  I'm tired of monkeyin' around.

             B♭  E♭
*Chorus 1*   Oh, oobee doo,
                              C
             I wanna be like you-ou-ou.
                      F             B♭            E♭
             I wanna walk like you, talk like you too.
             B♭              E♭                     C
                You'll see it's true-ue-ue: an ape like me-ee-ee
                  F         B♭          E♭   B♭
             Can learn to be human too
```

```
            Cm
Verse 2     Now don't try to kid me, mancub;
                                    G7
            I made a deal with you.

            What I desire is man's red fire
                                         Cm
            To make my dream come true.

            Now give me the secret, mancub;
                                              G7
            Come on, clue me what to do.

            Give me the power of man's red flower
                                    Cm
            So I can be like you.

            B♭  E♭
Chorus 2    Oh, oo-bee doo,
                              C
            I wanna be like you-ou-ou.
                   F                 B♭               E♭
            I wana walk like you, talk like you too.
            B♭                E♭
               You'll see it's true-ue-ue:
                           C
            Someone like me-ee-ee
                 F            B♭                        E♭    D♭    C
            Can learn to be like someone like me

                 F            B♭                        E♭     D♭    C
Outro       Can learn to be like someone like you.
                 F            B♭                        E♭
            Can learn to be like someone like me.
```

If I Didn't Have You

from MONSTERS, INC.

Music and Lyrics by Randy Newman

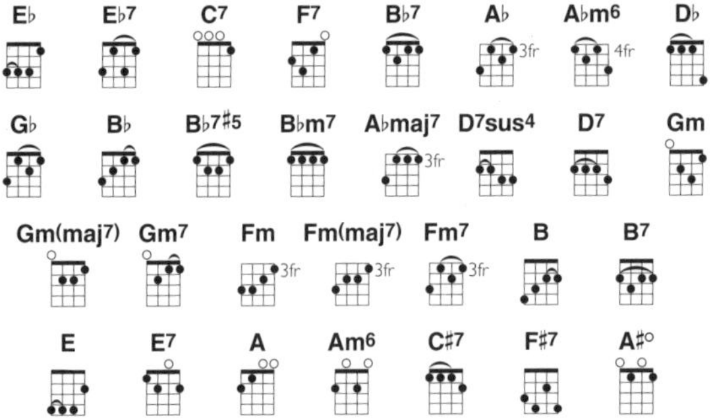

Intro | E♭ E♭7 C7 | F7 B♭7 |

Verse 1

E♭ E♭7
If I were a rich man
A♭ A♭m6
With a million or two,
E♭ C7
I'd live in a pent - house
F7 B♭7
In a room with a view.
E♭ E♭7
And if I were hand - some, *No way!* (*It could happen.*)
A♭ A♭m6
'Cause dreams do come true,
E♭ C7 F7
I wouldn't have nothin'
B♭7 E♭7
If I didn't have you.

G♭ D♭
Wouldn't have nothin'
A♭
If I didn't have,
G♭ D♭ A♭
Wouldn't have nothin'

If I didn't have,
G♭ D♭ B♭ B♭7♯5
Wouldn't have nothin'.

Verse 2

E♭ E♭7
For years I have en-vied *You green with it*
A♭ A♭m6
Your grace and your charm.
E♭ C7 F7
Ev'ryone loves you, you know.
B♭7
Yes, I know, I know, I know.
E♭ E♭7
But I must ad-mit it,
A♭ A♭m6
Big guy, you always come through.
E♭ C7 F7
I wouldn't have nothing
B♭7 E♭ B♭m7 E♭7
If I didn't have you.

Bridge 1

A♭ A♭maj7 D7sus4 D7
You and me to - gether,
Gm
That's how it
Gm(maj7) Gm7 C7
Always should be.
Fm Fm(maj7) Fm7
One with-out the other
B♭ E♭
Don't mean nothing to me,
B♭7♯5
Nothing to me.

Verse 3

E♭ E♭7
Yeah, I wouldn't be nothin'

Aw, man.

A♭ A♭m6
If I didn't have you to serve.

E♭ C7
I'm just a punky little eyeball

F7 B♭7
And a funky optic nerve.

E♭ E♭7
Hey I never told you this.

A♭ A♭m6
Sometimes I get a little blue (*looks good on you)*

E♭ C7 F7
But I wouldn't have nothing

B♭7 E♭
If I didn't have you.

B♭m7 E♭7
Let's dance!

Bridge 2

A♭ A♭maj7 D7sus4 D7 Gm Gm(maj7)
Look, Ma, I'm dan-cing!

Gm C7
Would you let me lead?

Fm Fm(maj7)
Look at that. It's true!

Fm7
Big guys are light on their feet.

B♭
Don't you dare dip me.

Don't you dare dip me.

Don't you dare dip me.

Ow! I should've stretched.

E♭ E♭7
Yes, I wouldn't be nothin'

A♭ A♭m6
If I didn't have you.

I know what you mean Sulley, because...

Verse 4

E♭ C7
I wouldn't know where to go,

Me too, because I

F7 B♭7
Wouldn't know what to do.

Why do you keep singing my part?

E♭ E♭7
I don't have to say it.

I'll say it anyway 'cause we

A♭ A♭m6
Both know it's true.

E♭ C7 F7
I wouldn't have nothin'

B♭7
If I didn't have,

E♭ C7 F7
I wouldn't have nothin'

B♭7
If I didn't have,

E♭ C7 F7
I wouldn't have nothin'

B♭7 E♭
If I didn't have you.

G♭ D♭
Wouldn't have nothin'

A♭ E♭
If I didn't have you.

B
One more time. It worked!

E E7
Don't have to say it

Where'd everybody come from?

A Am6
'Cause we both know it's true.

Let's take it home big guy!

```
E       C#7                 F#7
        I wouldn't have nothing
        B7
If I didn't have,
E       C#7                 F#7
        I wouldn't have nothing
        B7
If I didn't have,
E       C#7                 F#7
        I wouldn't have nothing
        B7               E    E7
If I didn't have         you.
A7      A#dim    B7                    E
You.    You.     A, E, I, O that means you, yeah.
```

I'll Make a Man Out of You

from MULAN

Music by Matthew Wilder
Lyrics by David Zippel

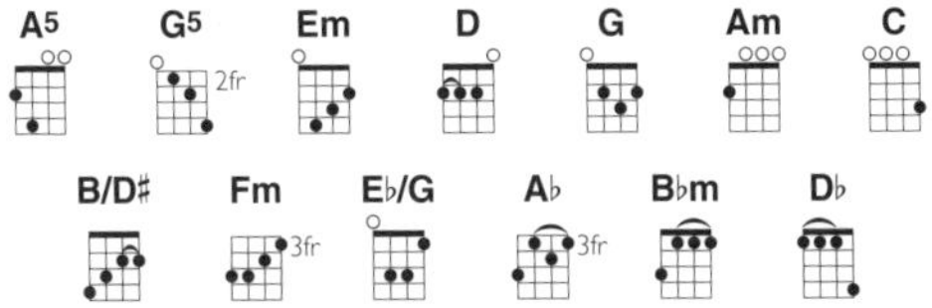

Intro | A5 | G5 |

Verse 1
Em D G
Let's get down to bus'ness
Am D
To de-feat the Huns.
Em D G
Did they send me daughters
Am D
When I asked for sons?

Chorus 1
C D
You're the saddest bunch I ever met.
G C
But you can bet before we're through,
D Em D Em
Mister, I'll make a man out of you.

Verse 2
Em D G
Tranquil as a forest,
Am D
But on fire with-in.
Em D G
Once you find your center
Am D
You are sure to win.

```
                    C                       D
Chorus 2    You're a spineless, pale, pa-thetic lot
                    G               C
            And you haven't got a clue.
                                    D           Em    D    Em
            Somehow I'll make a man out of you.

            C                       D
Bridge          I'm never gonna catch my breath.
            B                              Em
            Say goodbye to those who knew me.
            D                    G                       C
            Boy, was I a fool in school for cutting gym.
                                      D
                This guy's got 'em scared to death.
            B                            Em
            Hope he doesn't see right through me.
            D                       G              C
            Now I really wish that I knew how to swim.

                 D        C                D
Chorus 3    (Be a man!)  We must be swift as the coursing river,
                 G        C                D                  B          Em
            (Be a man!)  With all the force of a great     typhoon,
                          C                D                  B          Em
            (Be a man!)  With all the strength of a rag - ing fire
                  C                  D                        Em
            Mys-te-ri-ous as the dark side of the moon.

            Fm            E♭      A♭
Verse 3         Time is racing t'ward us
                       B♭m      E♭
            'Til the Huns ar-rive.
            Fm              E♭      A♭
                Heed my ev'ry order
                         B♭m         E♭
            And you might sur-vive.
```

```
                    D♭                 E♭
Chorus 4    You're un-suit-ed for the rage of war.
                  A♭                       D♭
            So pack up, go home, you're through.
                                 E♭           Fm      E♭      Fm
            How could I make a man out of you?

            D♭  E♭       D♭                E♭
Chorus 5    (Be  a  man!)  We must be swift as the coursing river,
                A♭       D♭                E♭                C           Fm
            (Be  a  man!)  With all the force of a great    typhoon,
                         D♭                E♭                C          Fm
            (Be  a  man!)  With all the strength of a rag - ing fire
                 D♭                E♭                         Fm   E♭   Fm
            Mys-te-ri-ous as the dark  side of the moon.

            D♭  E♭       D♭ N.C.
Outro       (Be  a  man!)    We must be swift as the coursing river,

            (Be  a  man!)  With all the force of a great typhoon,

            (Be  a  man!)  With all the strength of a raging fire,
                 D♭                E♭                         Fm   E♭   Fm
            Mys-te-ri-ous as the dark side of the moon.
```

Into the Unknown

from FROZEN 2

Music and Lyrics by Kristen Anderson-Lopez and Robert Lopez

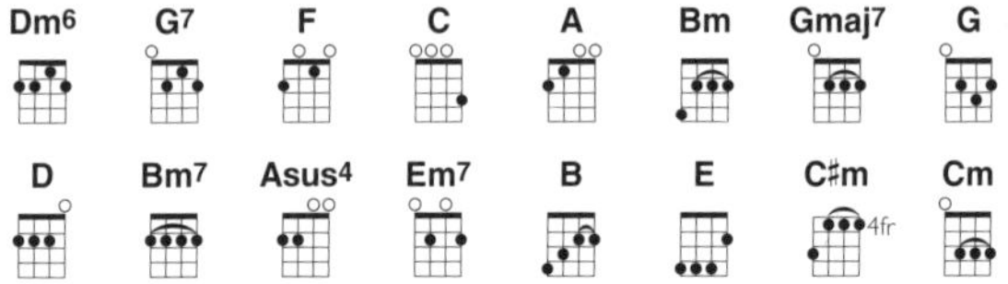

To match original recording, place capo on 1st fret

```
Intro        | Dm6      |           | G7       |           |
                           (Ah.)
             | Dm6      |           | G7       |           |
                (Ah.)                  (Ah.)

                      Dm6
Verse 1      I can hear you, but I won't.
                                 G7
             Some look for trouble, while others don't.
                             F                              C
             There's a thousand reasons I should go about my day
                           F                                C
             And ig-nore your whispers, which I wish would go away...
                   Dm6           G7
             Oh.   (Ah. Oh.    Ah.)

                               Dm6
Verse 2      You're  not a voice, you're just a ringing in my ear,
                          G7
             And if I heard you, which I don't,

             I'm spoken for, I fear.
             F                              C
             Ev'ryone I've ever loved is here within these walls.
                  G7                               A
             I'm sorry, secret siren, but I'm blocking out your calls.

             Bm
Pre-Chorus   I've had my adventure. I don't need something new!
                      Gmaj7            G
             I'm a-fraid of what I'm risking if I follow you
```

```
                        D                     G
Chorus      Into the unknown… Into the unknown… Into the unknown!
            Bm7   G
                  (Ah. Ah.)

                              Dm6
Verse 3     What do you want? 'Cause you've been keeping me awake.
                      G7
            Are you here to distract me so I make a big mistake?
            N.C.               F                          C
                   Or are you someone out there who's a little bit like me?
                 G                              Asus4             N.C.
            Who knows deep down I'm not where I'm meant to be?

                     Bm
Pre-Chorus  Ev'ry day's a little harder as I feel my power grow!
            Gmaj7                       G                Em7        N.C.
            Don't you know there's part of me that longs to go…

            Gmaj7                D                      G
Chorus      Into the unknown?  Into the unknown!  Into the unknown!
            Bm7  G
                  (Ah. Ah.)

                              A
Bridge      Oh, are you out there? Do you know me?
                       G
            Can you feel me? Can you show me?

                 B    E    B         E
Interlude   (Ah,  ah,  ah,  ah,  ah,  ah.)

            C♯m                                             A
Outro       Where are you going? Don't leave me a-lone!
            C          Cm
            How do I follow you
            N.C.               B
                  Into the un-known?
```

I'm Late

from ALICE IN WONDERLAND

Words by Bob Hilliard
Music by Sammy Fain

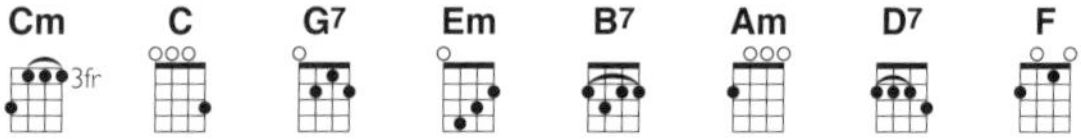

Verse

```
       Cm
I'm late, I'm late for a very important date.
      C                 G7
No time to say hel-lo, goodbye,
      C
I'm late, I'm late, I'm late, I'm late,
        Cm
And when I wave, I lose the time I save.
       Em                 B7                        Em          Am       Em
My fuzzy ears and whiskers took me too much time to shave.
   G7               C                    G7                    C
I run and then I hop, hop, hop, I wish that I could fly.
            B7            Em                    D7                      G7
There's danger if I dare to stop and here's the reason why,
                  Cm                       D7
(You see.) I'm     overdue, I'm in a rabbit stew,
         C                    G7
Can't even say good-bye, hello,
      C          F          C
I'm late, I'm late, I'm late.
```

It's a Small World

from Disney Parks' "It's a Small World" Attraction

Words and Music by Richard M. Sherman
and Robert B. Sherman

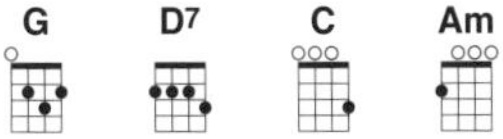

Verse

```
       G                        D7
It's a world of laughter, a world of tears.
                                  G
It's a world of hopes and a world of fears.

There's so much that we share
           C              Am
That it's time we're a-ware.
      D7                G
It's a small world after all.
                      D7
It's a small world after all.
                      G
It's a small world after all.
                      C      Am
It's a small world after all.
      D7              G
It's a small, small world.
                                         D7
There is just one moon and one golden sun,
                                          G
And a smile means friendship to ev'ryone.
                                              C              Am
Though the mountains divide and the oceans are wide,
      D7                G
It's a small world after all.
```

Kiss the Girl

from THE LITTLE MERMAID

Music by Alan Menken
Lyrics by Howard Ashman

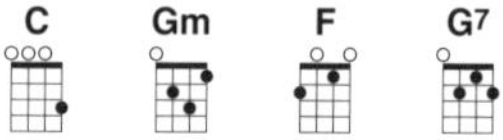

Verse 1

C   Gm
There you see her sitting there across the way.
F   C
She don't got a lot to say, but there's something a - bout her.
G7
And you don't know why, but you're dying to try.
C
You wanna kiss the girl.
Gm
Yes, you want her. Look at her, you know you do.
F   C
Possible she wants you too. There is one way to ask her.
G7
It don't take a word, not a single word,
C
Go on and kiss the girl.

Chorus 1

C   F
Sha, la, la, la, la, la, my oh my.
C
Look like the boy too shy.
G7
Ain't gonna kiss the girl.
C   F
Sha, la, la, la, la, la, ain't that sad.
G7
Ain't it a shame, too bad.
C
He gonna miss the girl.

Verse 2

C   Gm
Now's your moment, floating in a blue lagoon.
F   C
Boy, you better do it soon, no time will be better.
                  G7
She don't say a word and she won't say a word
                  C
Until you   kiss the girl.

Chorus 2

C   F
   Sha, la, la, la, la, la, don't be scared.
                    C   G7
You got the mood prepared, go on and   kiss the girl.
C   F
   Sha, la, la, la, la, la, don't stop now.
                    G7   C
Don't try to hide it how you wanna   kiss the girl.
                                      F
Sha, la, la, la, la, la, floating along.
                  C   G7
And listen to the song, the song say   kiss the girl.
C   F
   Sha, la, la, la, la, la, the music play.
                    G7   C
Do what the music say. You gotta   kiss the girl.

Outro

C
You've got to   kiss the girl. You wanna kiss the girl.

You've gotta kiss the girl. Go on and kiss the girl.

Just Around the Riverbend

from POCAHONTAS

Music by Alan Menken
Lyrics by Stephen Schwartz

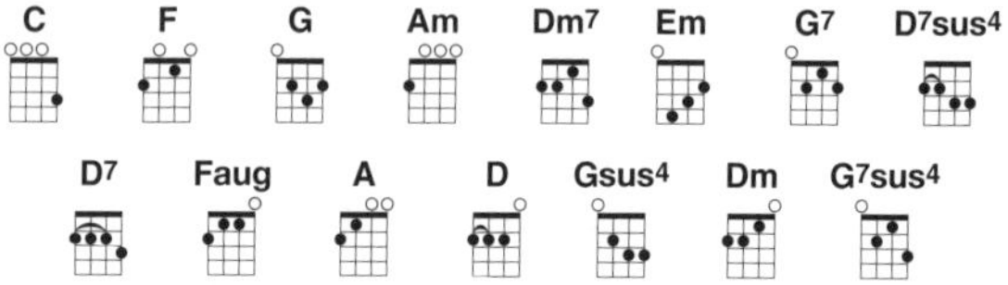

Intro | C | F | C | F |

Verse 1

C
What I love most about rivers is:
F C
You can't step in the same river twice.
F G C
The water's always changing, always flowing.
F
But people, I guess, can't live like that;
Am
We all must pay a price:
Dm7 G
To be safe we lose our chance of ever knowing
Em F
What's around the riverbend,
G7
Waiting just around the riverbend.

```
             G     C     F
Chorus 1     I look once more
             C
             Just around the riverbend
                G    C  F
             Be-yond the shore,
             C
             Where the gulls fly free.
                     Am
             Don't know what for,
             D7sus4                D7
             What I dream the day might send
             F                Faug      G
             Just around the riverbend
             A        D
             For me,
                                A    D
             Coming for me.

               C
Verse 2      I feel it there beyond those trees
                 F                 G
             Or right behind these waterfalls.
                  F           G                   C
             Can I ignore the sound of distant drumming
                   F
             For a handsome sturdy husband
                                                Am
             Who builds handsome sturdy walls
                   Dm7               F                        G7
             And never dreams that something might be coming
             Em               F
             Just around the riverbend?
             G7
             Just around the riverbend...
```

Chorus 2

```
   G    C     F
I  look once more
C
Just around the riverbend
    G     C  F
Be-yond the shore,
C
Somewhere past the sea.
        Am
Don't know what for...
D7sus4          D7
Why do all my dreams extend
F                            Faug
Just around the riverbend?
Dm
Just around the riverbend.
```

Outro

```
F
Should I choose the smoothest course,
C                        F
Steady as the beating drum?
                          G
Should I marry Ko-co-um?
  C                        F
Is all my dreaming at an end?
                G           Am
Or do you still wait for me,    Dream Giver,
Dm7             G7sus4  C     F    C
Just around the river  -  bend?
```

Lava

from LAVA

Music and Lyrics by James Ford Murphy

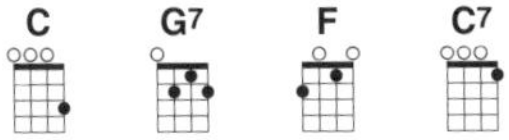

Intro

| C | | G7 | |
| F | | C | G7 | |

Verse 1

C G7
A long, long time ago there was a volcano,
F C G7
Living all alone in the middle of the sea.
C G7
He sat high above his bay, watching all the couples play,
F C G7
And wishing that he had someone too.
C G7
And from his lava came this song of hope
F C G7
That he sang out loud ev'ry day for years and years.

Chorus 1

F C
"I have a dream I hope will come true,
G7 C C7
You're here with me, and I'm here with you.
F C
I wish that the Earth, sea, and the sky up above
F G7 C
Will send me someone to lava."

Interlude 1

| F | | G7 |
| | C | |

Verse 2

C Years of singing all alone G7 turned his lava into stone,
Un - F til he was on the brink C of extinc - G7 tion.
C But little did he know that, G7 living in the sea below,
F Another volcano was C listening to his G7 song.
C Ev'ry day she heard his tune, G7 her lava grew and grew
Be - F cause she believed his C song was meant for G7 her.
C Now she was so ready to G7 meet him above the sea
As he F sang his song of hope C for the last G7 time.

Chorus 2 *As Chorus 1*

Interlude 2 | C | |

Verse 3

C Rising from the sea below G7 stood a lovely volcano
F Looking all around, but C she could not see G7 him.
He C tried to sing to let her know that G7 she was not there alone
But F with no lava C his song was G7 all gone.
He C filled the sea with his tears,
and G7 watched his dreams disappear
As F she remembered what his C song meant to G7 her.

Chorus 3 *As Chorus 1*

```
Interlude 3   | C        |          |          |          |

              C                              G7
Verse 4       Oh, they were so happy to fin'lly meet above the sea.
              F                             C              G7
                  All together now their lava grew and grew.
                  C                                    G7
              No longer are they all alone, with a - loha as their new home.
              F                                C              G7
                  And when you visit them this is what they sing…

              F                       C
Outro-Chorus      "I have a dream I hope will come true,
                  G7                                  C                  C7
              That you'll grow old with me and I'll grow old with you.
              F                                  C
              We thank the Earth, sea, and the sky we thank too.
              F   G7   C
              I   lava you.
              F   G7   C
              I   lava you.
              F   G7   C
              I   lava you."
```

Let It Go

from FROZEN

Music and Lyrics by Kristen Anderson-Lopez and Robert Lopez

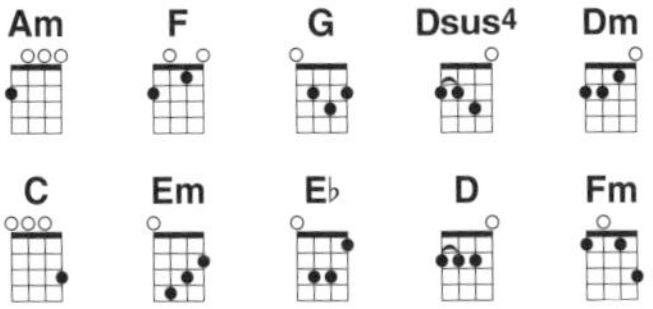

To match original recording, place capo on 8th fret

Verse 1

Am F
The snow glows white on the mountain tonight;
G Dsus4 Dm
Not a footprint to be seen.
Am F
A kingdom of iso-la-tion,
G Dsus4 D
And it looks like I'm the queen.
Am F G Dsus4 Dm
The wind is howling like this swirling storm inside.
Am G D
Couldn't keep it in; heaven knows I tried.

Pre-Chorus 1

G
Don't let them in, don't let them see.
F
Be the good girl you always have to be.
G F
Conceal, don't feel, don't let them know...

Well, now they know.

Chorus 1

C G
Let it go, let it go;
Am F
Can't hold it back anymore.
C G
Let it go, let it go;
Am F
Turn away and slam the door.
C G Am F
I don't care what they're going to say:
Em E♭
Let the storm rage on.
F C G
The cold never bothered me anyway.

Verse 2

Am F
It's funny how some dis - tance
G Dm
Makes ev'rything seem small;
Am G
And the fears that once controlled me
Dsus4 D
Can't get to me at all.

Pre-Chorus 2

G
It's time to see what I can do,
F G
To test the limits and break through.
F
No right, no wrong, no rules for me;

I'm free!

```
                  C          G
Chorus 2   Let it go,   let it go;
                Am                       F
           I am one with the wind and sky.
                  C          G
           Let it go,   let it go;
                  Am            F
           You'll never see me cry.
           C      G           Am       F
           Here I stand and here I'll stay;
                  Em          E♭
           Let the storm rage on.

           F
Bridge         My power flurries through the air into the ground.

               My soul is spiraling in frozen fractals all around.
           G
               And one thought crystallizes like an icy blast:
           A           F                  G               Dm     F
               I'm never going back; the past is in the past!

                  C          G
Chorus 3   Let it go,   let it go,
                    Am                      F
           And I'll rise like the break of dawn.
                  C          G
           Let it go,   let it go;
                Am           F
           That perfect girl is gone.
           C      G            Am      F     Fm
           Here I stand in the light of day;
                  Em          E♭
           Let the storm rage on.
               F
           The cold never bothered me anyway.
```

Little April Shower

from BAMBI

Music and Lyrics by Frank Churchill and Larry Morey

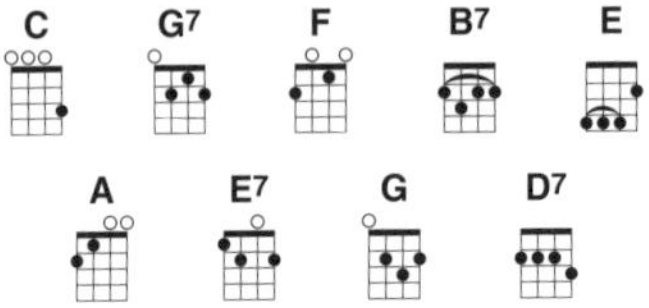

Verse 1

```
C            G7          C     F
Drip, drip, drop little April shower
C          F           C
Beating a tune as you fall all around
             G7          C     F
Drip, drip, drop little April shower
C                 F                C
What can com-pare with your beautiful sound

Beautiful sound, beautiful sound?

Drip, drop, drip, drop
```

Verse 2

```
C            G7                  C     F
Drip, drip, drop when the sky is cloudy
C              F          C
Your pretty music will brighten the day
C            G7                  C     F
Drip, drip, drop when the sky is cloudy
C              F           C
You come a-long with a song right away
                                  B7
Come with your beautiful music
```

Verse 3

```
E            B7          E     A
Drip, drip, drop little April shower
E          E7          A        E
Beating a tune as you fall all a-round
             B7          E     A
Drip, drip, drop little April shower
E                  E7                 A          E
What can com-pare with your beautiful sound?
```

Verse 4

G D7 G C
Drip, drip, drop when the sky is cloudy
G C G
You come a-long, come a-long with your pretty little song
D7 G C
Drip, drip, drop when the sky is cloudy
G C G
You come a-long, come a-long with your pretty little song

Bridge

G
Gay little roundalay, gay little roundalay

Song of the rainy day, song of the rainy day
G7
How I love to hear your patter, pretty little pitter-patter

Helter-skelter when you pelter, troubles always seem to scatter

Verse 5

C G7 C F
Drip, drip, drop little April shower
C F C
Beating a tune as you fall all around
G7 C F
Drip, drip, drop little April shower
C F C
What can com-pare with your beautiful sound?

Life Is a Highway

featured in CARS

Words and Music by Tom Cochrane

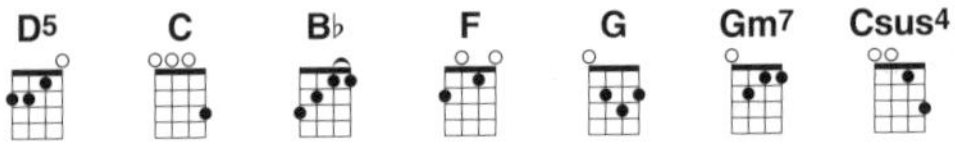

Intro

𝄆 N.C. | | | 𝄇
Dm C	B♭	F	
B♭ F	C	B♭ F	C
Dm F Dm C	B♭	F	
B♭ F	C	B♭ F	C

Verse 1

B♭
Life's like a road that you travel on

F
When there's one day here and the next day gone.

C
Some-times you bend, sometimes you stand,

Sometimes you turn your back to the wind.

B♭
There's a world outside ev'ry darkened door

F
Where blues won't haunt you anymore.

C
Where the brave are free and lovers soar,

Come ride with me to the distant shore.

```
               Dm                     C
Pre-Chorus 1     We won't hesitate    to break down the garden gate.
               B♭                                 G
                 There's not much time left to-day.

                  Dm  C  B♭
Chorus 1       Life is a    highway.
                 F                 B♭        F  C      B♭   F   C
               I wanna ride it all    night    long.
                 Dm     F    Dm  C   B♭
               If you're go - ing  my     way,
                 F                  B♭        F  C     B♭   F   C
               I wanna drive it all    night    long.

                        B♭
Verse 2        Through all these cities and all these towns,
                   F
               It's in my blood and it's all around.
                 C
               I love you now like I loved you then.

               This is the road and these are the hands.
                     B♭
               From Mozambique to those Memphis nights,
                    F
               The Khyber Pass to Vancouver's lights.
               C
               Knock me down, I'm back up again,

               You're in my blood, I'm not a lonely man.
```

```
              Dm
Pre-Chorus 2    There's no load I can't hold.
                   C
              The road's so rough, this I know.
              B♭
              I'll be there when the light comes in.
                   G
              Just tell 'em we're survivors.

                          Dm C B♭
Chorus 2      ‖: Life is a    highway.
                F                    B♭       F C     B♭    F    C
               I wanna ride it all    night    long.
                 Dm     F    Dm C  B♭
               If you're go - ing  my    way,
                F                     B♭       F C     B♭     F     C
               I wanna drive it all    night    long.                 :‖

              Gm7                B♭
Bridge          There was a dis - tance
                        Dm          C
              Between you and I.
              Gm7              B♭
                A mis-un-der-stand-ing once,
                      Dm                      Csus4
              But now     we look it in the eye.
```

Guitar Solo *As Chorus 1 (Instrumental)*

```
                 Dm
Pre-Chorus 3 There ain't no load that I can't hold.
                C
             The road's so rough, this I know.
             B♭
             I'll be there when the light comes in.
             G
             Tell 'em we're survivors.

             N.C.
Chorus 3     Life is a highway.

             I wanna ride it all night long.

             If you're going my way,

             I wanna drive it all night long.

             A gimme, gimme, gimme, a gimme, gimme, yeah.

                 Dm C B♭
Chorus 4     Life is a    highway.
              F                Bb        F C      B♭   F   C
             I wanna ride it all   night     long.
               Dm     F   Dm C B♭
             If you're go - ing  my   way,
              F                  B♭       F C
             I wanna drive it all   night     long.
                        B♭      F            C
             Come on, gimme, gimme, gim-me,

                Gimme, gimme, gimme, yeah.


Chorus 5      As Chorus 1


Outr-Gtr Solo As Chorus 1 (Instrumental) and fade
```

Love Is an Open Door

from FROZEN

Music and Lyrics by Kristen Anderson-Lopez
and Robert Lopez

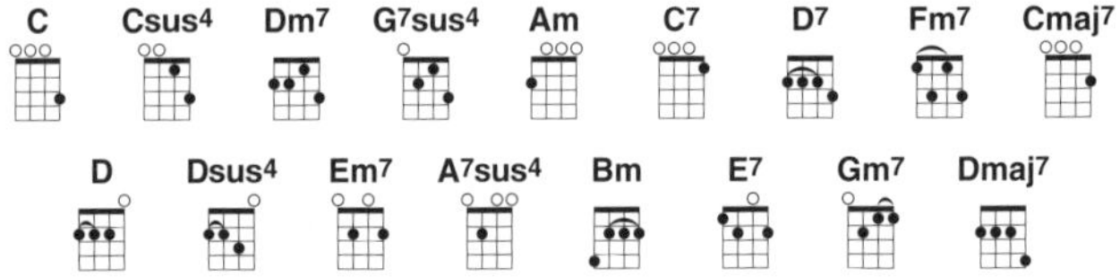

To match original recording, place capo on 2nd fret

Verse 1

C Csus4 Dm7 G7sus4
All my life has been a series of doors in my face,
C Csus4 Dm7 G7sus4
And then suddenly, I bump into you!
C Csus4 Dm7 G7sus4
I've been searching my whole life to find my own place.
C Csus4 Dm7 G7sus4
And maybe it's the party talking, or the choc'late fondue...
Am
But with you, but with you,
C
I found my I place. I see your face,
C7 D7 Fm7
And it's nothing like I've ever known be-fore.

Chorus 1

N.C. C Cmaj7 D7
Love is an open door.
Fm7 C Cmaj7 D7
Love is an open door.
Fm7
Love is an open door
C Cmaj7 D7
With you, with you, with you! With you!
Fm7 C Csus4 Dm7 G7sus4
Love is an open door.

```
                       D
Verse 2      I mean it's crazy!

             What?
                 Dsus4                   Em7
             We finish each other's... ...sandwiches!
                         A7sus4
             That's what I was gonna say!
             D                  Dsus4              Em7
             Met someone who thinks so much like me.

             Jinx!
             A7sus4
                 Jinx again!
                 D                      Dsus4
             Our mental synch-ron-iz-a-tion
                 Em7                    A7sus4
             Can have but one ex-pla-na-tion:
             D               Dsus4
             You and I were just
                         Em7  A7sus4
             Meant to be.
                          Bm
             Say goodbye,
                    D              D7
             To the pain of the past;
             E7                                Gm7
             We don't have to feel it anymore.

             N.C.             D    Dmaj7   D7
Chorus 2     Love is an open door.
             Gm7              D    Dmaj7   D7
             Love is an open door.
             Gm7                   D
             Life can be so much more
                      Dmaj7              E7
             With you,        with you, with you! With you!
             Gm7              D    Dsus4  Em7  A7sus4  D
             Love is an open door.
```

Mickey Mouse March

from THE MICKEY MOUSE CLUB

Words and Music by Jimmie Dodd

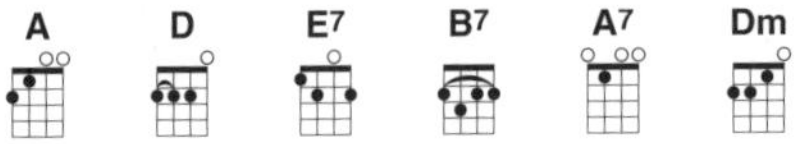

Intro

N.C.
Mickey Mouse Club! Mickey Mouse Club!

Verse 1

A
Who's the leader of the club
          B7   E7
That's made for you and me?
A   A7   D   Dm
M - I - C - K - E - Y
A   E7   A
M - O - U - S - E!

Verse 2

A
Hey, there! Hi, there! Ho, there!
              B7   E7
You're as welcome as can be!
A   A7   D   Dm
M - I - C - K - E - Y
A   E7   A
M - O - U - S - E!

Bridge

```
D                 A
Mickey Mouse! Mickey Mouse!
    B7                              E7
For-ev-er let us hold our banner high!

(High! High! High!)
```

Verse 3

```
A
Come along and sing a song
     B7                E7
And join the jam-bo-ree!
A      A7   D       Dm
M - I - C  -  K - E - Y
A        E7     A
M - O - U - S - E!
```

My Funny Friend and Me

from THE EMPEROR'S NEW GROOVE

Lyrics by Sting
Music by Sting and David Hartley

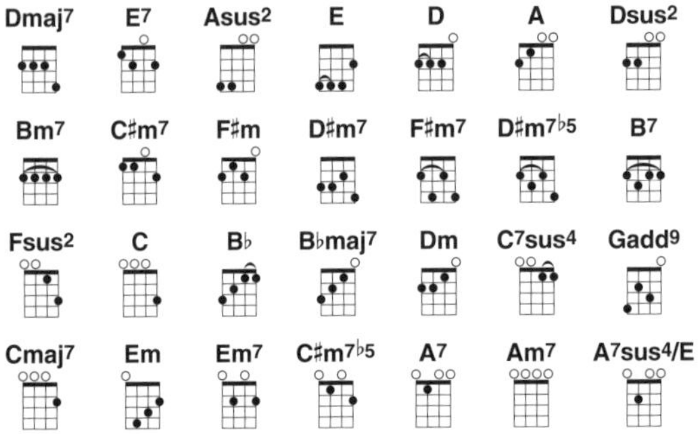

Intro ‖: Dmaj7 E7 | Dmaj7 :‖

Verse 1

Asus2 E
In the quiet time of the evening,
D A Dsus2
When the stars assume their patterns
Asus2 E
And the day has made his journey,
Dmaj7 D Dmaj7
And we wonder just what happened to the life we knew,
Bm7 C♯m7 F♯m D♯m7
Before the world changed, when not a thing I held was true.
Dmaj7 D
But you were kind to me, and you reminded me

Verse 2

```
Asus2                          E
   That the world is not my playground;
D                                   A        Dsus2
   There are other things that matter;
Asus2                              E
   What is simple needs pro-tec-ting.
Dmaj7                        D                    Dmaj7          Bm7  C#m7
   My illusions all would shatter, but you stayed in my cor - ner.
F#m                                           D#m7
   The only world I knew was upside down,
Dmaj7
   And now the world and me will know you carried me.
Asus2                             E
   You see the patterns in the big sky;
Dmaj7                                               E
   Those constellations look like you and I.
F#m7                              C#m7
   Just like the patterns in the big sky,
D#m7b5                                B7
   We could be lost; we could re-fuse to try.
              Dmaj7                       Bm7  C#m7
But to have made it through in the dark  night,
F#m                                           D#m7
   Who would these lucky guys turn out to be,
Dmaj7                         D                 Asus2      E
   But that unusual blend     of my funny friend and me.
```

```
              Asus2                      E
Chorus 1        You see the patterns in the big sky;
              Dmaj7                                  E
                Those constellations look like you and I.
              F♯m7                       C♯m7
                Just like the patterns in the big sky,
              D♯m7♭5                         B7
                We could be lost; we could refuse to try.
                       Dmaj7                 Bm7  C♯m7
              But to have   made it through in the dark night,
              F♯m                                  D♯m7
                Who would these lucky guys turn   out to be,
              Dmaj7                D                  Asus2      E
                But that unusual blend of my funny friend and me.

              Asus2                           E
Verse 3         I'm not as clever as I thought   I was.
              D                               A        Dsus2
                I'm not the boy I used to be, be-cause
              Asus2
                You showed me something diff'rent;
                 E
              You showed me something pure.
              Dmaj7                                            D
                I always seemed so certain, but I was real - ly never sure.
                      Dmaj7             Bm7         C♯m7
              But you stayed, and you called my name
              F♯m                                                D♯m7
                When others would have walked out on a lou - sy game.
              Dmaj7                                   D
                And look who made it through
                                                   Fsus2
                         but your funny friend and you.
```

Outro-Chorus

C Bb
You see the patterns in the big sky.
Bbmaj7 C
Those constellations look like you and I.
Dm
That tiny planet and the bigger guy.
Bbmaj7 C7sus4
I don't know whether I should laugh or cry.
Gadd9 D
Just like the pattern in the big sky,

(We'll be together, ooh.)
Cmaj7 C D
We'll be together till the end of time.
Em Em7
Don't know the answer or the reason why

(We'll stick together.)
C#m7b5 A7
We'll stick together till the day we die.
Cmaj7 Am7 Bm7
If I have to do this all a second time,
Em7 C#m7
I won't complain or make a fuss.
Cmaj7 C#m7b5
Who would the angel send, but that unlikely blend
C
Of these two funny friends?
G F#m7 A7sus4 D Cmaj7 C Gadd9
That's us.

No Way Out

(Theme from BROTHER BEAR)

from BROTHER BEAR

Words and Music by Phil Collins

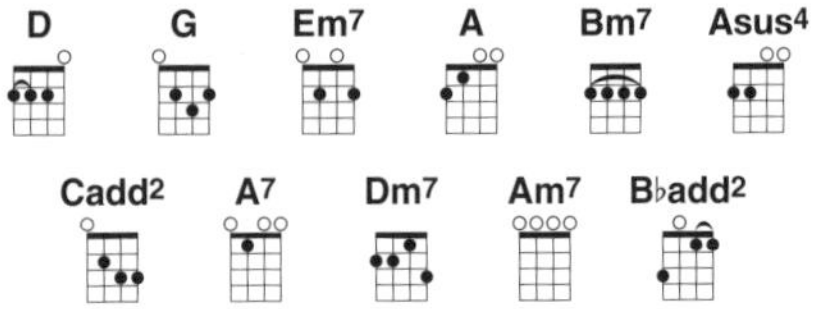

Verse 1

D G
Ev'rywhere I turn, I hurt someone,
D
But there's nothing I can say to change
Em7
The things I've done.
D G
I'd do anything with-in my pow'r;
A Bm7
I'd give ev'rything I've got,
G Asus4 A
But the path I seek is hidden from me now.

Verse 2

D G
Brother Bear, I let you down.
D Em7
You trusted me, believed in me and I let you down.
D G
Of all the things I hid from you,
A Bm7 G
I cannot hide the shame, and I pray someone,
Asus4 A Asus4 A
Something will come to take a - way the pain.

```
            D                 A          G           A
Verse 3          There's no   way out    of this     dark place.
            D              A        G    A
                 No hope,    no fu-ture.
            Bm7          Em7  A           D
                 I know     I      can't be free,
            Em7      Bm7              Cadd2
                 But I can't see an-oth-er way,
                 Em7    Bm7     Cadd2
            And I can't face an-oth-er day.


Outro       | A7        | D         | A     G | D         |

            | A         | D         | A     G | D         |

            | C6        |           | Dm7     | Am7       |

            | B♭add2        |             | N.C.          |
```

Once Upon a Dream

from SLEEPING BEAUTY

Words and Music by Sammy Fain and Jack Lawrence
Adapted from a theme by Tchaikovsky

Verse

```
G
I know you,
                          D7      G♯dim7    Am7    D7
I walked with you once up - on    a    dream.
G   B♭dim7 Am7
I    know   you,
   D7           G
The gleam in your eyes
  E7     Am7     D7
Is so fa - mi-liar a gleam.
         G
Yet, I know it's true,
                    Am7     E7      Am
That visions are seldom all they seem.
B♭dim7 G       B♭dim7
But  if  I know you,
 Am7               D7
I know what you'll do;
       G          G♯dim7   E7
You'll love me at once, the way you did
Am7      D7sus4  D7♭9  G
Once up - on      a     dream.
```

Part of Your World

from THE LITTLE MERMAID

Music by Alan Menken
Lyrics by Howard Ashman

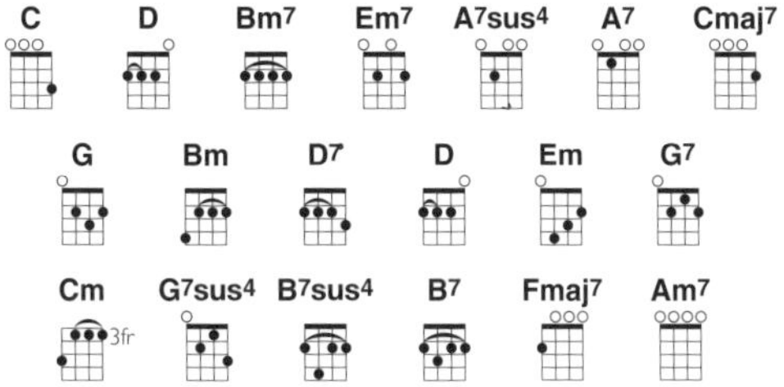

Verse

```
C                        D
Look at this stuff. Isn't it neat?
C                                D
Wouldn't you think my col-lec-tion's complete?
Bm7                              Em7
Wouldn't you think I'm the girl,
                 A7sus4      A7
The girl who has      ev-'ry-thing.
C                  D
Look at this trove, treasures untold.
C                          D
How many wonders can one cavern hold?
Bm7                             Em7
Looking around here you'd think
   A7sus4              A7
Sure,     she's got ev-'ry-thing.
```

```
                 Cmaj7                   Bm7    G
Pre-Chorus  I've got gadgets and gizmos a-plenty.
                 Em7                            A7sus4  A7
            I've got who-zits and what-zits ga-lore.
                   Cmaj7                         Bm7    G
            You want thing-a-ma-bobs, I've got twenty.
                  Em7            A7sus4  A7
            But who cares? No big deal.
                C     Bm    C    D7
            I want more.

            G                       Bm7
Chorus      I wanna be where the people are.
            C                            D
            I wanna see, wanna see 'em dancin',
            Em                      Bm                  C               D  D7
            Walkin' around on those,    what-d'-ya call 'em, oh, feet.
            G                             Bm7
            Flippin' your fins you don't get too far.
            C
            Legs are required for jumpin', dancin'.
            Em                      Bm             C              D        D7
            Strollin' along down the,    what's the word again,   street.
                            G                    G7
            Up where they walk, up where they run,
                            C                 Cm
            Up where they stay all day in the sun.
                        G               D              G
            Wanderin' free, wish I could be part of that world.
```

Bridge

```
                 C                D                  Bm
What would I give if I could live outta these waters.
Em                  C                 D                   Bm
   What would I pay to spend a day warm on the sand?
G7sus4 G7           C                   D
          Betcha on land they un-der-stand.
                 B7sus4     B7            Em
Bet they don't reprimand    their daugh - ters.
Em7                  A7sus4  A7          A7sus4
   Bright young women,      sick of swimmin',
A7          Fmaj7  C    D    C
Ready to stand.
```

Outro

```
      G                              Bm7
And ready to know what the people know.
C                               D7
Ask 'em my questions and get some an - swers.
Em                  Bm          G                  Am7
What's a fire, and why does it, what's the word,     burn?
D7                G
   When's it my turn?
             G                   C                    Cm
Wouldn't I love, love to ex-plore that shore up a-bove,
N.C.        G
Out of the sea.
               D7                C        G
Wish I could be part of that world.
```

A Pirate's Life

from PETER PAN

Words by Ed Penner
Music by Oliver Wallace

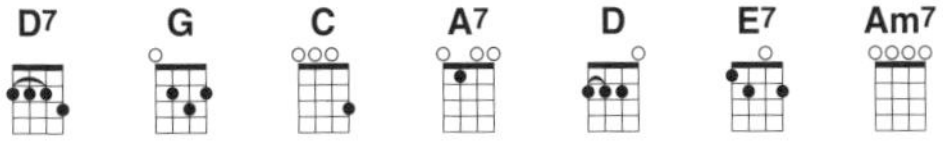


```
            D7    G        C          G
Verse 1     Oh! A pirate's life is a wonderful life,
              A7                D
            A-roving over the sea.
                E7              Am7    D7
            Give me a career as buc-ca-neer,
                  G         D7          G
            It's the life of a pirate for me!
            D7        G         D7          G
            Oh! The life of a pirate for me!

            D7    G        C          G
Verse 2     Oh! A pirate's life is a wonderful life,
                 A7                  D
            They never bury your bones
               E7                      Am7      D7
            For when it's all over, a jolly sea rover
                   G          D7              G
            Drops in on his friend Davy Jones
            D7        G             D7            G
            Oh! His very good friend Davy Jones.
```

The Place Where Lost Things Go

from MARY POPPINS RETURNS

Music by Marc Shaiman
Lyrics by Scott Wittman and Marc Shaiman

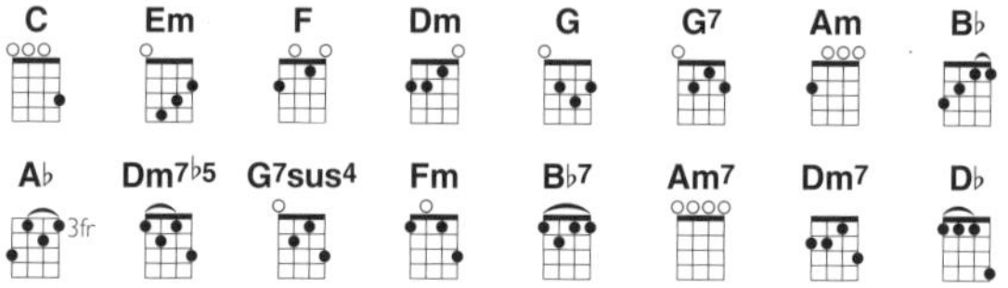

Verse 1

```
C                Em   F        C
Do you ever lie a-wake at night,
Dm                              G
Just between the dark and the morning light,
C                     Em        F      C
Searching for the things you used to know,
Dm                                 G7         C
Looking for the place where the lost things go?
```

Verse 2

```
                 Em        F       C
Do you ever dream or rem-in-isce,
Dm                                     G
Wond'ring where to find what you truly miss?
     C                   Em        F        C
Well, maybe all those things that you love so
    Dm                                   G7         C
Are waiting in the place where the lost things go.
```

Bridge

```
Em                  F        Em                    F
Memories you've shared, gone for good, you feared,
            Dm             Am                   B♭        G
They're all around you still, though they've   dis-ap-peared.
Em                 F        Em           A♭
Nothing's really left, or lost without a trace.
Dm7♭5                          G7sus4  G7
Nothing's gone forever, only out   of  place.
```

Verse 3

C Em F C
So maybe now the dish and my best spoon
Dm G
Are playing hide and seek just be-hind the moon,
C Em F A♭
Waiting there un-til it's time to show.
Fm B♭7 C B♭7
Spring is like that now, far beneath the snow,
C Am7 Dm7 G7 C Em
Hiding in the place where the lost things go.

Instru

| F C | Dm | G7 C | |

Bridge

Em F Em F
Time to close your eyes so sleep can come a-round,
Dm Am B♭ G
For when you dream, you'll find all that's lost is found.
Em F Em A♭
Maybe on the moon, or maybe somewhere new,
Dm7♭5 G7sus4 G7
Maybe all you're missing lives in-side of you.

Verse 4

C Em F C
So, when you need her touch and loving gaze,
Dm G
"Gone, but not forgotten," is the perfect phrase.
C Em F A♭
Smiling from a star that she makes glow,
Fm B♭7 C B♭7
Trust she's always there, watching as you grow.
C Am7 Dm7 G7 A♭ D♭ A♭ C
Find her in the place where the lost things go.

Reflection

from MULAN

Music by Matthew Wilder
Lyrics by David Zippel

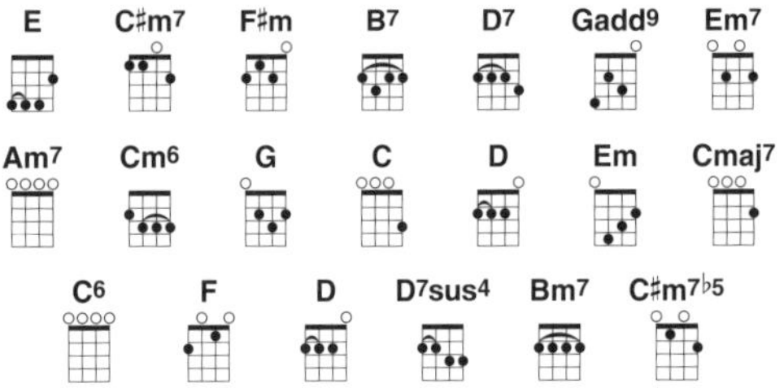

Verse 1

E **C♯m7** **F♯m**
Look at me, you may think you see who I really am,
E **B7**
But you'll never know me.
E **C♯m7** **D7**
Ev'ry day it's as if I play a part.
Gadd9 **Em7** **Am7**
Now I see if I wear a mask I can fool the world,
Cm6 **G**
But I cannot fool my heart.

Chorus 1

G **Em7**
Who is that girl I see
C **Cm6**
Staring straight back at me?
G **D** **Em** **G** **Cmaj7** **C6**
When will my re-flec-tion show
Cm6 **G** **Em7**
Who I am in-side?

Verse 2

E **C♯m7** **F♯m**
I am now in a world where I have to hide my heart
B7
And what I be-lieve in.
Gadd9 **Em7** **Am7**
But somehow I will show the world what's inside my heart,
Cm6 **G**
And be loved for who I am.

Chorus 2

G Em7
Who is that girl I see
C Cm6
Staring straight back at me?
G D Em G Cmaj7 C6
Why is my re - flec-tion someone
F D
I don't know?
G Em7 C Cm6
Must I pre-tend that I'm someone else for all time?
G D Em G Cmaj7 Cm6
When will my re-flec-tion show who I am?

Pre-chorus

C Em7 Am7 D7sus4
In-side, there's a heart that must be free to fly,
Em7 Bm7 Am7 Cm6
That burns with a need to know the reason why.

Chorus 3

G Em7
Why must we all conceal
C Cm6
What we think, how we feel?
G D Em G Cmaj7 C6
Must there be a secret me
F D
I'm forced to hide?
G Em7 C Cm6
I won't pre-tend that I'm someone else for all time.
G D Em G Cmaj7
When will my re-flec-tion show
Cm6 Em Em7 C♯m7♭5
Who I am in-side?
G D Em G Cmaj7 C6
When will my re - flection show
Cm6 G Em7 G
Who I am in-side?

Remember Me
(Ernesto de la Cruz)
from COCO

Words and Music by Kristen Anderson-Lopez and Robert Lopez

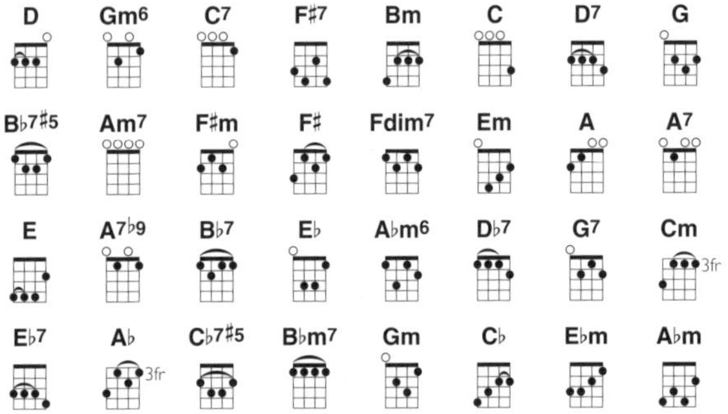

Verse 1

```
                D             Gm6
Remember me, though I have to say goodbye.
                D         C7              F♯7
Remember me, don't let it make you cry.
     Bm                       C              D7
For even if I'm far away, I hold you in my heart.
  G                                   B♭7♯5
I sing a secret song to you each night we are apart.
                D             Gm6
Remember me, though I have to travel far.
                D                   Am7         D7
Remember me each time you hear a sad gui-tar.
G                                  F♯m    F♯    Bm   Fdim7
Know that I'm with you the only way that I can be.
Em                                 A              D
     Until you're in my arms a-gain, remember me.
```

```
Interlude   | D          | G    A    | D          |
            | G    A7    | Bm        | D7         |
            | E          | A         | A7♭9       |

            B♭7             E♭            A♭m6
Verse 2         Remember me, though I have to say goodbye.
                 E♭        D♭7          G7
            Remember me, don't let it make you cry.
                Cm                      D♭             E♭7
            For even if I'm far away, I hold you in my heart.
              A♭                            C♭7♯5
            I sing a secret song to you each night we are apart.
                 E♭          A♭m6
            Remember me, though I have to travel far.
                 E♭                B♭m7          E♭7
            Remember me each time you hear a sad gui-tar.
             A♭                              Gm     G     Cm   C♭
            Know that I'm with you the only way that I can be.
                                     N.C.  B♭ C♭    A♭m  N.C.   E♭
            Until you're in my arms a-gain, re-mem-ber    me.
```

Scales and Arpeggios

from THE ARISTOCATS

Words and Music by Richard M. Sherman
and Robert B. Sherman

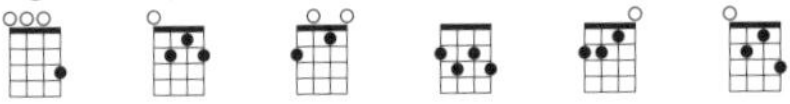

Intro

C
Do, mi, so, do, do, so, mi, do.

Verse 1

G7
Ev'ry truly cultered music student knows
C
You must learn your scales and you ar-peg-gi-os.
F F♯dim7
Bring the music ringing from your chest and not your nose
C G7 C
While you sing your scales and your ar-peg-gi-os.

Verse 2

C G7
If you're faithful to your daily practising,
C
You will find your progress is en-cou-rag-ing.
F F♯dim7
Do, mi, so, mi, do, mi, so, mi, fa, la, so it goes
C G7 C
When you do the scales and your ar-peg-gi-os.

Instru

| G7 | C | Dm G7 |
| C G7 | C | |

	C
Interlude	Do, mi, so, do, do, so, mi, do.
	Do, mi, so, do, do, so, mi, do.

```
            C                                        G7
Verse 3     Though at first it seems as tho' it doesn't show,
                                           C
            Like a tree, ability will bloom and grow.

            If you're smart, you'll learn by heart what
            F             F#dim7
            Ev'ry artist knows:
            N.C.                                       G7sus4 G7   C  G7  C
            You must sing your scales and ar-peg   -   gi - os.
```

The Second Star to the Right

from PETER PAN

Words by Sammy Cahn
Music by Sammy Fain

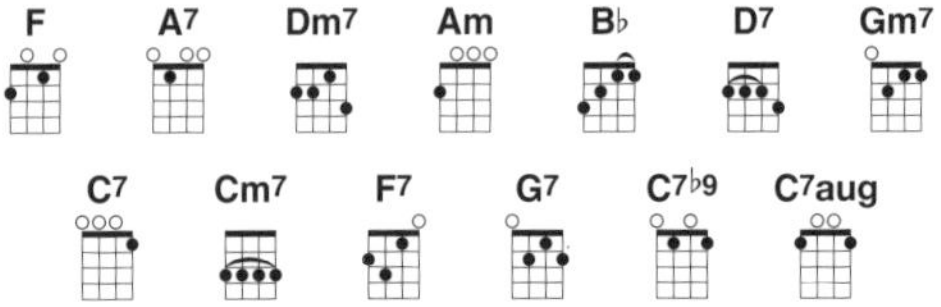

To match original recording, place capo on 1st fret

Verse 1

F A7
The second star to the right
Dm7 Am
Shines in the night for you,
B♭ F D7
To tell you that the dreams you plan
Gm7 C7 F
Really can come true.
A7
The second star to the right
Dm7 Am
Shines with a light so rare;
B♭ F D7
And if it's Nev-er-land you need,
Gm7 C7 F
Its light will lead you there.

```
           B♭                   Cm7 F7
*Verse 2*  Twinkle, twinkle, little star,
           B♭        Gm7  Cm7        F7
           So we'll know where you are.
           B♭                 A7
           Gleaming in the skies above,
           Dm7            G7    Gm7 C7       C7♭9
           Lead us to the land  we  dream   of.
           F                  A7
              And when our journey is through,
           Dm7                           Am
           Each time we say good-night,
           B♭                          F         D7
              We'll thank the little star that shines,
                Gm7    C7    C7aug F
           The second from  the     right.
```

Outro

```
| F          | A7         | Dm7        | Am         |
| B♭         | F     D7   | Gm7    C7  |
| F          | Gm7    C7  | F          |
```

Shut Up and Drive

featured in WRECK-IT RALPH

Words and Music by Evan Rogers, Carl Sturken, Gillian Gilbert,
Peter Hook, Stephen Morris and Bernard Sumner

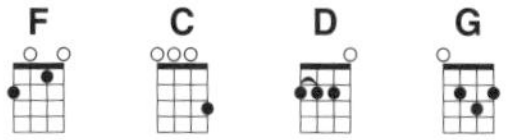

Intro | F C | D | G C | D |

| F C | D | G C | D |

Verse 1

F C D
I've been looking for a driver who is qualified,
G C D
So if you think that you're the one, step in-to my ride.
F C D
I'm a fine-tuned supersonic speed machine
G C D
With a sun-roof top and a gangsta lean.

Bridge 1

F C D
So if ya feel me, let me know, know, know.
G C D
Come on now, whatcha waiting for, for, for?
F C D
My engine's ready to ex-plode, explode, explode.
G C D
So start me up and watch me go, go, go!

```
                        F                              C          D
Chorus 1     I'll getcha where you wanna go, if ya know what I mean.
                  G             C                          D
             Got a ride that's smoother than a limousine.
                       F                             C           D
             Can you handle the curves,   can you run all the lights?
                   G             C                          D
             If you can, baby boy, then we can go all night.
                         F          C           D
             'Cause I'm zero to sixty in three point five.
                   G               C        D
             Baby, you got the keys,
             N.C.                              F  C  D                              G   C   D
                Now shut up and drive,             shut up and drive.

                       F              C              D
Verse 2      I've got class like a fifty-seven Cadillac.
                             G              C                D
             Got all the drive, but a whole lot of boom in back.
                   F                      C                    D
             You look like you can handle what's under my hood.
                            G                      C           D
             You keep saying that you will, boy, I wish you would.


Bridge 2     As Bridge 1


Chorus 2     As Chorus 1
```

Verse 3	**N.C.** 'Cause today they ain't got what I got.	
	Get it, get it, don't stop, it's a sure shot.	
	Ain't no Ferrari, huh, boy? I'm sorry.	
	I ain't even worried, so step inside and ride.	

Interlude | **F C** | **D** | **G C** | **D** |

Bridge 3 *As Bridge 1*

Chorus 3 *As Chorus 1*

```
        D                     F C D                    G   C
Outro     Shut up and drive,          shut up and drive.

        | D     | F  C | D     | G  C | D     |
```

Someday

from THE HUNCHBACK OF NOTRE DAME

Music by Alan Menken
Lyrics by Stephen Schwartz

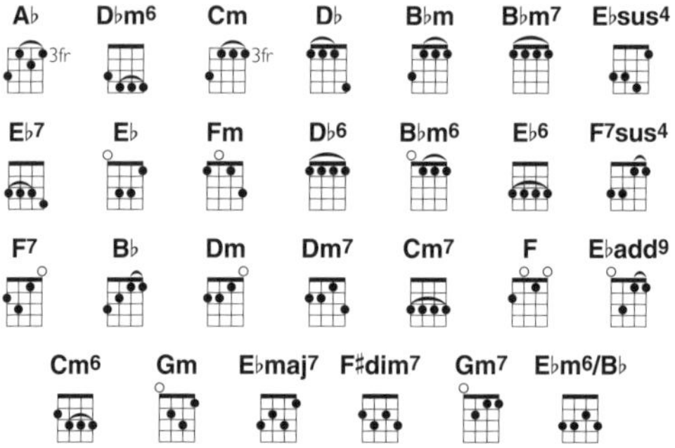

Intro | A♭ D♭m6 | A♭ D♭m6 |

Verse 1

A♭ Cm D♭ Cm
Someday when we are wiser,
B♭m A♭
When the world's older,
B♭m7 E♭sus4 E♭7
When we have learned,
B♭m E♭
I pray someday we may
Fm Cm D♭ A♭ E♭sus4 E♭7
Yet live to live and let live.
A♭ Cm D♭ Cm
Someday life will be fairer,
B♭m A♭ B♭m7 E♭7
Need will be rarer, and greed will not pay.
B♭m7 E♭ D♭6 A♭ D♭ B♭m6 Fm B♭m
God speed this bright mil - len - ni - um on its way.
E♭7 D♭ E♭6 E♭ A♭ Cm
Let it come some-day.

```
Instru     | D♭     Cm     | B♭m      A♭    | F7sus4    F7    |

           B♭          Dm        Dm7          E♭          Dm
Verse 2    Someday          our fight will be won then,
                                Cm          B♭
           We'll stand in the sun then,
                                Cm7      F7sus4      F7
           That bright af-ter-noon.
           Cm         F                          E♭6     B♭    E♭add9
           Till then,    on days when the sun    is    gone,
           Cm6    Gm     Cm7   F7      E♭  E♭maj7  F♯dim7 Gm      Gm7
           We'll  hang  on,    wish   up-on         the       moon.
           Cm        B♭   E♭6     E♭    E♭maj7      F7   B♭    E♭m6/B♭
           Change will come  one day, some-day soon.


Outro      | B♭      E♭m6/B♭ | B♭      E♭m6/B♭ | B♭               |
```

A Spoonful of Sugar

from MARY POPPINS

Words and Music by Richard M. Sherman
and Robert B. Sherman

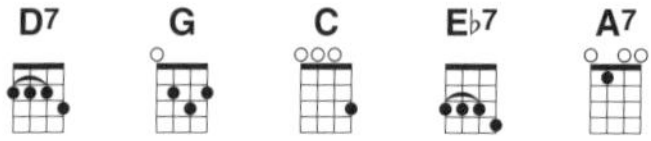

Verse 1

```
                G
In ev'ry job that must be done

There is an element of fun.
                                        D7
You find the fun and snap the job's a game.
             C              E♭7
And ev'ry task you un-der-take
   G             A7
Be-comes a piece of cake,
  G      D7
A lark! A spree!
    A7       D7
It's very clear to see
```

Chorus 1

```
A7   D7                             G
That a spoonful of sugar helps the medicine go down,
   D7                  G
The medicine go down, medicine go down.
A7  D7                             G
Just a spoonful of sugar helps the medicine go down
             D7 G D7
In a most de-light-ful way.
```

```
                G
Verse 2     A robin feathering his nest

            Has very little time to rest
                                                      D7
            While gathering his bits of twine and twig.
                              C               Eb7
            Though quite in-tent in his pur-suit
                       G               A7
            He has a merry tune to toot.
               G         D7         A7             D7
            He knows a song will move the job a-long.
            A7
            For a…
```

Chorus 2 *As Chorus 1*

Strangers Like Me

from TARZAN®

Words and Music by Phil Collins

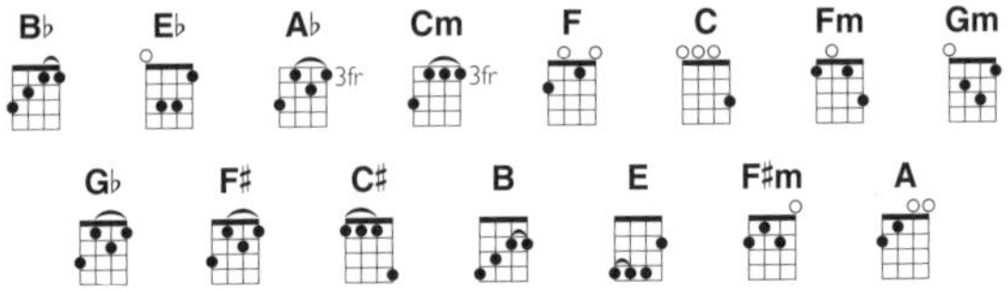

Intro | B♭ E♭ | B♭ A♭ Cm |

| B♭ E♭ | B♭ A♭ |

Verse 1

B♭ E♭ B♭ A♭
Whatever you do, I'll do it too.
B♭ E♭ B♭ A♭
Show me ev'rything and tell me how.
B♭ E♭ B♭ A♭ B♭ E♭ B♭ A♭
It all means something and yet nothing to me.
E♭ A♭
Oh, I can see there's so much to learn.
F B♭
It's all so close and yet so far.
G C
I see myself as people see me.
A♭ B♭
Oh, I just know there's something bigger out there.

Chorus 1

E♭ B♭ Fm E♭
I wanna know, can you show me?
B♭ E♭ B♭ A♭
I wanna know about these strangers like me.
B♭ E♭ B♭ Fm E♭
Tell me more, please show me.
B♭ E♭ B♭ A♭
Something's fa-mi-liar 'bout these strangers like me.

Instru. | B♭ E♭ | B♭ A♭ Cm |

| B♭ E♭ | B♭ A♭ |

Verse 2

B♭ E♭ B♭ A♭
Ev'ry gesture, ev'ry move that she makes
B♭ E♭ B♭ A♭
Makes me feel like never be-fore.
B♭ E♭ B♭ A♭ B♭ E♭ B♭ A♭
Why do I have this growing need to be beside her?
E♭ A♭
Oh, these emotions I never knew,
F B♭
Of some other world far be-yond this place,
G C
Beyond the trees, a-bove the clouds.
A♭ B♭
Oh, I see before me a new ho-ri-zon.

Chorus 2 *As Chorus 1*

Bridge

Gm A♭ Gm
Come with me now to see my world,
Fm Gm
Where there's beauty beyond your dreams.
A♭ G♭
Can you feel the things I feel
Fm
Right now with you?
A♭
Take my hand.
Fm E♭ A♭ B♭ B F♯ C♯
There's a world I need to know.

```
Instru.      | B♭      E♭      | B♭   A♭   Cm   |

             | B♭      E♭      | B♭   A♭        |

             B          E      B         F♯m  E
Chorus 3       I wanna know,     can you show me?
             B          E                   B        A
               I wanna know about these strangers like me.
             B          E     B       F♯m  E
               Tell me more,     please show me.
             B                  E                   B         A
               Something's fa-mi-liar 'bout these strangers like me.
                         B
             I wanna know!
```

Supercalifragilisticexpialidocious

from MARY POPPINS

Words and Music by Richard M. Sherman
and Robert B. Sherman

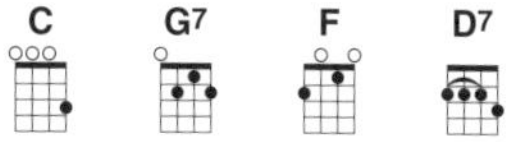


```
            C                              G7
Chorus 1    Supercalifragilisticexpiali-docious!
                                                        C
            Even though the sound of it is something quite a-trocious,
                                          C                  F
            If you say it loud enough you'll always sound pre-cocious.
                        C          G7     C
            Supercali-fragilistic-expiali-docious!

            C                            G7
Bridge      Um diddle diddle diddle, um diddle ay!
            C                            G7
            Um diddle diddle diddle, um diddle ay!

               C                                             G7
Verse       Be-cause I was afraid to speak when I was just a lad,
                                                               C
            Me father gave me nose a tweak and told me I was bad.
                                                 C                F
            But then one day I learned a word that saved me achin' nose,
                D7                                             G7
            The biggest word you ever 'eard and this is 'ow it goes! Oh!
```

Chorus 2 *As Chorus 1*

Strong

from CINDERELLA

Words and Music by Patrick Doyle,
Kenneth Branagh and Tommy Danvers

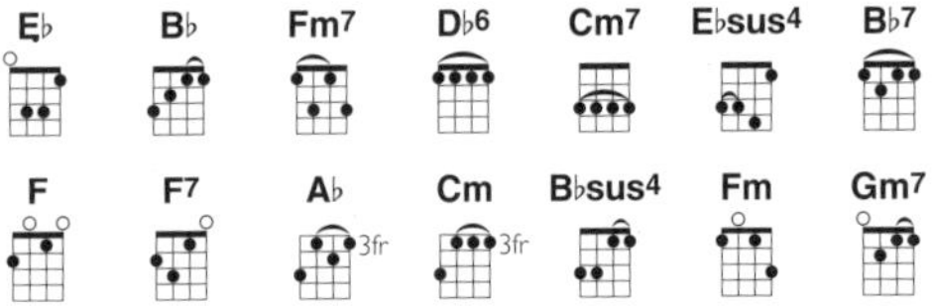

To match original recording, place capo on 1st fret

Intro | E♭ | B♭ | Fm7 | D♭6 | |

Verse 1

E♭ Cm7 Fm7 E♭sus4 B♭7
In a perfect storybook the world is brave and good:
E♭ Cm7 F F7 B♭7
A hero takes your hand; sweet love will fol-low.
E♭ Cm7 Fm7 E♭sus4 B♭7
But life's a diff'rent game, the sorrow and the pain.
E♭ Cm7 F7 B♭7
Only you can change your world to-mor-row.

Pre-Chorus 1

A♭ B♭ Cm B♭ E♭ F B♭
Let your smile light up the sky;
A♭ B♭ Cm B♭ E♭ F B♭
Keep your spi - rit soar-ing high.

Chorus 1

E♭ B♭ Fm7 A♭
Trust in your heart, and your soul shines for-ev-er and ever.
E♭ B♭ Fm7 A♭
Hold fast to kindness; your light shines for-ev-er and ever.
E♭ B♭ Fm7 A♭
I believe in you and in me.
E♭ B♭ Fm7 D♭6
We are strong.

```
                 E♭                       Cm7    Fm7             B♭sus4  B♭
Verse 2          When once upon a time,     in stories and in rhyme,
                 E♭                        Cm7    F7         B♭7          B♭
                 A moment you can shine     and wear your own crown.

                 A♭  B♭  Cm  B♭   E♭  F    B♭
Pre-Chorus 2     Be  the one that res-cues you.
                 A♭      B♭  Cm     B♭    E♭  F  B♭
                 Through the clouds you'll see the blue.

Chorus 2         As Chorus 1

                  A♭       E♭         B♭
Bridge           A bird all a-lone on the wing
                    Fm    A♭        B♭
                 Can still be strong and sing,
                 C
                 Sing.

                 F           C                Gm7              B♭
Chorus 3         Trust in your heart, and your soul shines for-ev-er and ever.
                 F          C               Gm7              B♭
                 Hold fast to kindness; your light shines for-ev-er and ever.
                 F        C   Gm7      B♭
                 I believe   in you and in me.
                 F  C  Gm7  E♭
                 We are strong.
```

That's How You Know

from ENCHANTED

Music by Alan Menken
Lyrics by Stephen Schwartz

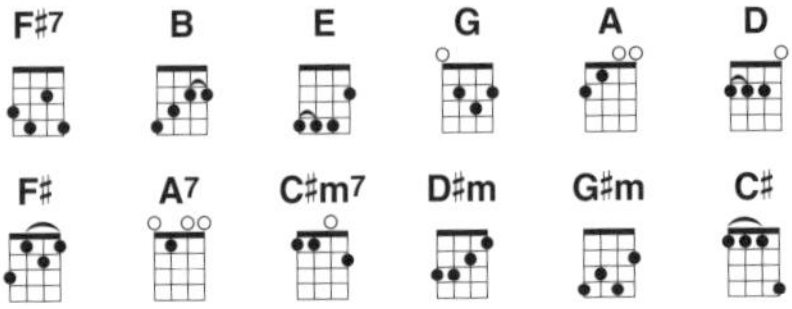

Intro

N.C.
How does she know you love her?

How does she know she's yours

Chorus 1

How does she know that you love her?

How do you show her you love her?

How does she know that you really...

Really... truly... love her?

How does she know that you love her?

How do you show her you love her?

F♯7
How does she know that you real-ly,

B E G A
Really, truly love her?

Verse 1

```
D                   G
It's not enough to take the one
     A       D        G        A
You love for granted.
D
You must remind her,
G                 A       F♯ B    E
Or she'll be in-clined to  say:
```

Chorus 2

```
        A7  D     G/A D           G/A
"How do I know he    loves me?
            D     F♯7 B        E
How do I know he's mine?"
```

Verse 2

```
          F♯7     B
   Well, does he leave a little note to
E                   C♯m7          F♯7
Tell you you are on his mind?
B                         E
Send you yellow flowers when
            C♯m7       F♯7
The sky is grey? Hey.
D♯m
He'll find a new way to
G♯m                B        C♯
Show you a little bit ev'ry day.
E      F♯    E    F
That's how you know,
G     A    G    A
That's how you know
N.C.        D
He's your love.
```

Instru.

```
| G        | D        | G        | D        |

| G            | B      E   |       G A |
```

Verse 3

D G A
(You've got to show her you need her;
D G A
Don't treat her like a mind-read-er!
D G F♯7
Each day do something to lead her
B E G A
To be-lieve you love her.)
D G A D
Ev'rybody wants to live happily ever after.
G A
(You've got to show her you need her.)
D G F♯7 B E
Ev'rybody wants to know their true love is true.

Chorus 3

A7 D G D G
How do you know he loves you?
D F♯7 B
How do you know he's yours?

Verse 4

E F♯7 B
Well, does he take you out dancing
E C♯m7 F♯7
Just so he can hold you close?
B E
Dedicate a song with words
C♯m7 F♯7
Meant just for you? Ooh.
D♯m G♯m
He'll find his own way to tell you
B C♯
With the little things he'll do.
E F♯ E F♯
That's how you know,
G A G A N.C.
That's how you know, he's your love.

```
Instru      | D       | G       | D       | G       |

            | D          | G          | B     E    |

                      G    A   D    G    D         G
Chorus 4       That's how you know he    loves you.
                  A        D    G  F#7  B
            That's how you know it's       true.

                E     F#    B
Verse 5     Be-cause he'll wear your fav'rite color
            E              C#m7
            Just so he can match your eyes;
            B
            Plan a private picnic
            E            C#m7        F#7
            By the fire's glow, oh.
            D#m                        G#m
            His heart'll be yours for-ev-er,
            B          C#
            Something ev'ry day will show.

            E      F#   E   F#    G     A    G    A
Chorus 5    That's how you know, that's how you know,
            E      F#   E   F#    G     A    G    A
            That's how you know, that's how you know.

            E      F#   E   F#    G     A    G    A       N.C.
Outro       That's how you know, that's how you know,  he's your love.
                                   D  G  D  A  D  G
            That's how you know,
                   A7       D     G  D  A  D  G
            That's how you know
                 A7         D   G   A   G    D
            He's your  love.
```

This Is Me

from CAMP ROCK

Words and Music by Adam Watts and Andy Dodd

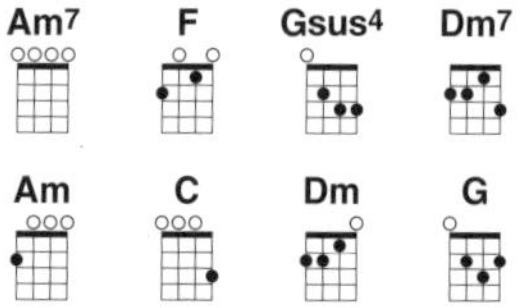

To match original recording, place capo on 1st fret

Intro

| Am7 F | Gsus4 Dm7 |

Verse 1

                 Am7   F   Gsus4   Dm7
I've always been the kind of girl that hid my face,
          Am7   F   Gsus4   Dm7
So a-fraid to tell the world what I've got to say.
          Am   F   C   Dm
But I have this dream bright inside of me,
                  Am   F   C   Dm   F
I'm gonna let it show.   It's time   to let you know,
                 G
To let you know.

Chorus 1

              F   C
This is real, this is me,
             G   Am
I'm ex-act-ly where I'm sup-posed to be, now.
F   C G
   Gonna let the light   shine on me.
                  Am   F   C   G
Now I've found who I am, there's no way to hold it in.
Dm7   F
No more hiding who I want to be,
G   Am7   F
   This is me.

Verse 2

```
C   G              Am                F
          Do you know what it's like
   C              Dm
To feel so in the dark,
    Am              F           C                        Dm
To dream about a life where you're the shining star?
       Am          F            C              Dm
Even though it seems like it's too far a-way.
  Am           F            C
I have to be-lieve in my-self.
        Dm  F
It's the only way.
```

Chorus 2

```
        F             C
This is real, this is me,
        G                         Am
I'm ex-act-ly where I'm sup-posed to be, now.
F                        C  G
   Gonna let the light      shine on me.
          Am             F               C                 G
Now I've found who I am,  there's no way to hold it in.
Dm7                               F
No more hiding who I want to be,
G          Am  F  C  Dm  Am  F
   This is me.
```

Bridge

```
G                       F          C
   You're the voice    I hear in-side my head,
    G
The reason that I'm singing.
                  F       C              G           Am7
I need to find    you,    I've got to find you.
F                       C                G
You're the missing piece I need, the song inside of me.
Am7      Dm                       G
I need to find you. I've got to find you.
```

Chorus 3

```
          F          C
This is real, this is me,
         G                    Am
I'm ex-act-ly where I'm sup-posed to be, now.
F                     C G
   Gonna let the light   shine on me.
            Am           F              C            G
Now I've found who I am, there's no way to hold it in.
Dm7                                   F  G
No more hiding who I want to be,         this is me.
```

Outro

```
F                        C
You're the missing piece I need,
          Gsus4        G
The song       inside of me.
             F              C
You're the voice I hear in-side my head,
     Gsus4          Am
The reason that I'm singing.
            F            C              G
Now I've found who I am, there's no way to hold it in.
Dm7                                F   G         F  C  G  Am  F
No more hiding who I want to be,     this is me.
```

Touch the Sky

from BRAVE

Music by Alexander L. Mandel
Lyrics by Alexander L. Mandel and Mark Andrews

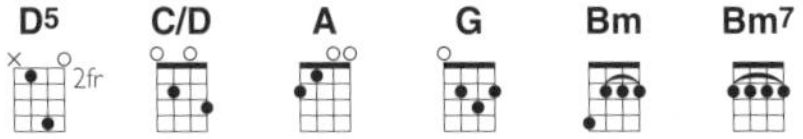

Play 3 times

Intro ‖: D5 | | | C/D :‖

| D5 | | | |

| | | | |

| | | C/D | ‖

| D5 | | | C/D |

| D5 | | | C/D |

| D5 | | | |

| Am | | | |

Verse 1

```
          D5              G
When cold wind is a' calling,
             D5                G
And the sky is clear and bright,
         Bm           A           G
Misty mountains sing and beckon,
            D5             A
Lead me out into the light.
```

Chorus 1

Bm7 G
I will ride, I will fly,
D5 A Bm7
Chase the wind and touch the sky;
G
I will fly,
D5 A D5
Chase the wind and touch the sky.

Bridge 1

G
Na, na, na, na, na, na,
D5 A
Na, na, na, na, na, na, na.
D5 G
Na, na, na, na, na, na, na, na,
D5 A
Na, na, na, na, na, na, na.

Instru.

| Bm7 | | | |

| | | G |

Verse 2

D5 G
Where dark woods hide secrets,
D5 G
And mountains are fierce and bold,
Bm A G D5 A
Deep waters hold re-flec-tions of times lost long a-go.
D5 G D5 G
I will hear their ev'ry story, take hold of my own dream,
Bm A G
Be as strong as the seas are stormy
A D5
And proud as an eagle's scream.

Chorus 2 *As Chorus 1*

Bridge 2 *As Bridge 1*

Outro

```
                 D5    G    D5    A    D5
And touch the sky,
             G
Chase the wind,
             D5   A
Chase the wind,
             D5    G    D5    A
Touch the sky.

| D5   |   | G   |   |
| D5   |   | G   |   |
| D5   |   | G   |   | D5   |
```

True Love's Kiss

from ENCHANTED

Music by Alan Menken
Lyrics by Stephen Schwartz

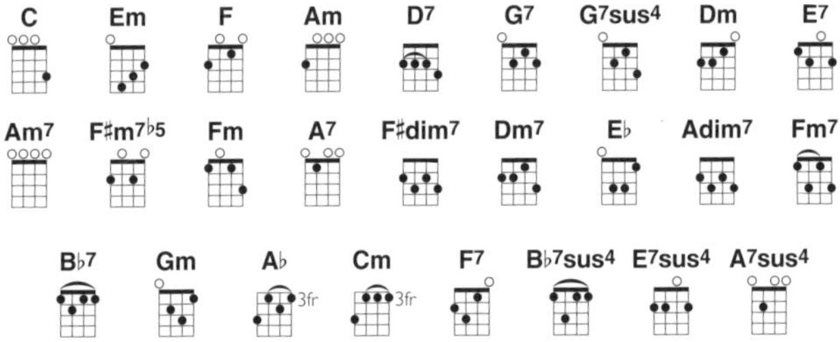

Verse 1

```
C              Em              F           C
I've been dreaming of a true love's kiss;
F       Am                     D7           G7
And a prince I'm hoping comes with this.
F              C               Am    D7       G7sus4   G7
That's what brings ev-er-af-ter-ings so happy.
      C            Em                 F       C
And that's the reason we need lips so much,
F          Am              Dm            E7
For lips are the only things that touch.
Am     Am7       F♯m7♭5   Fm        C
So, to spend  a  life  of  endless bliss,
A7                    Dm                    F    G7    C
    Just find who you love through true love's kiss.
```

Interude

```
| C    Em  | F     C    | F     Am  | D7    G7   |
C          F♯dim7   Dm7    G7
Ah,        ah,      ah.
E♭         Adim7    Fm7    B♭7
Ah,        ah,      ah.
```

Verse 2

E♭   Gm   A♭   E♭
She's been dreaming of a true love's kiss;
A♭   Cm   F7   B♭7
And a prince she's hoping comes with this.
A♭   Gm   Cm   F7   B♭7sus4   B♭7
That's what brings ev-er-af-ter-ings so happy.
      C   Em   F   C
And that's the reason we need lips so much,
F   Am   D7   E7sus4   E7
For lips are the only things that touch.

Outro

Am   Am7   F♯m7♭5   Fm   C   A7sus4
So, to spend a life of   endless bliss,
      A7   Dm7   G7sus4 G7   C
Just find who you love through true   love's kiss.

Try Everything

from ZOOTOPIA

Words and Music by Sia Furler,
Tor Erik Hermansen and Mikkel Eriksen

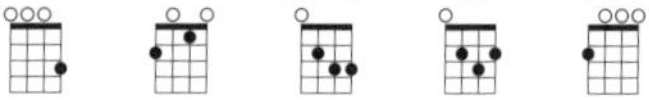

To match recording, place capo on 1st fret

Intro

C F
Oh, oh, oh, oh, oh.
C Gsus4
Oh, oh, oh, oh, oh.
C F
Oh, oh, oh, oh, oh.
C G C
Oh, oh, oh, oh, oh.

Verse 1

I messed up tonight.
F
I lost an-oth-er fight.
C G
Lost to myself, but I'll just start again.
C
I keep falling down;
F
I keep on hitting the ground.
C G C
But I always get up, now, to see what's next.

Pre-Chorus 1

F
Birds don't just fly,
C G
They fall down and get up.
C F C G C
Nobody learns without get - ting it wrong.

```
                            C                           F
Chorus 1     I won't give up; no, I won't give in
                                  C
             Till I reach the end,
                                       Gsus4
             And then I'll start again.
                                 C
             No, I won't leave;
                              F
             I want to try ev-'ry-thing.
                         C                G               C
             I want to try even though I could fail.
                         C                           F
             I won't give up; no, I won't give in
                                  C
             Till I reach the end,
                                       Gsus4
             And then I'll start again.
                                 C
             No, I won't leave;
                              F
             I want to try ev-'ry-thing.
                         C                G               C
             I want to try even though I could fail

             C              F
Interlude    Oh, oh, oh, oh, oh.

             Try ev'rything
             C               Gsus4
             Oh, oh, oh, oh, oh.

             Try ev'rything.
             C              F
             Oh, oh, oh, oh, oh.

             Try ev'rything.
             C      G      C
             Oh, oh, oh, oh, oh.
```

Interlude

```
Look how far you've come;
                        F
You filled your heart   with love.
                      C                                  G
Baby, you've done   enough; take a deep breath.
                  C
Don't beat your-self up;
                  F
No need to run   so fast.
                 C                        G          C
Sometimes we come last, but we did our best.
```

Chorus 2 *As Chorus 1*

Bridge

```
F            C                 Am            G
I'll keep on making those new mistakes.
F            C                Am   G      F
I'll keep on making them ev'ry   day
           Am      G      C
Those new mis - takes.
```

Outro

```
C                 F
Oh, oh, oh, oh, oh.

Try ev'rything.
C                 Gsus4
Oh, oh, oh, oh, oh.

Try ev'rything.
C                 F
Oh, oh, oh, oh, oh.

Try ev'rything.
C       G       C
Oh, oh, oh, oh, oh.
Am      G        C
Try ev-'ry-thing.
```

The Unbirthday Song

from ALICE IN WONDERLAND

Words and Music by Mack David,
Al Hoffman and Jerry Livingston

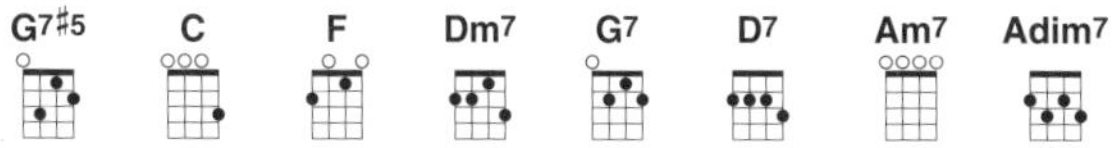


```
           G7♯5 C
Chorus 1   A    very merry un-birthday to me. To who? To me. Oh, you!
                                         Dm7      G7      Dm7     G7
           A very merry un-birthday to you. Who, me? Yes, you. Oh, me!
               C                                Dm7
           Let's all congratulate us with an-oth-er cup of tea.
             G7                          C    Adim7   G7
           A very merry un-birthday to you!

                   C           F                Dm7 G7
Verse 1    Now, sta-tis-tics prove, prove that you've one  birthday.
                                           C
           Imagine, just one birthday ev'ry year.
                                               F    C    Dm7  G7
           Ah, but there are three hundred and sixty-four un - birthdays.
           D7       Am7       D7             G7
           Precisely why we're gathered here to cheer.
```

Why then today's my un-birthday too!

It is?

What a small world this is.

In that case...

```
           G7♯5 C
Chorus 2   A     very merry un-birthday. To me? To you.
                                          Dm7 G7 Dm7 G7
           A very merry un-birthday. For me?     For  you.
               C                                  Dm7
           Now blow the candle out, my dear, and make your wish come true.
             G7                          C    G7    C
           A very merry un-birthday  to  you!
```

Un Poco Loco

from COCO

Music by Germaine Franco
Lyrics by Adrian Molina

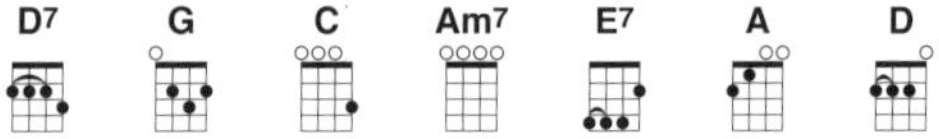

Verse 1

D7 G D7 G
What color is the sky? Ay mi amor, ay mi amor.
D7 G D7 G
You tell me that it's red. Ay Ay mi amor, ay mi amor.
D7 G D7 G
Where should I put my shoes? Ay mi amor, ay mi amor.
D7 G D7 G
You say, "Put them on your head!" Ay mi amor, ay mi amor.

Chorus 1

N.C. C D7 G
You make me un poco loco, un poquitito loco.
C D7 G
The way you keep me guessing, I'm nodding and I'm yessing.
D7
I'll count it as a blessing
Am7 D7 G
That I'm only un poco loco.

Instru

Play 6 times
‖: D7 | | G | :‖

| E7 | |

Verse 2

```
A                          D
   The loco that you make    me,
   E7           A
It is just un poco crazy.
                          D
The sense that you're not making,
   E7              A
The liberties you're taking,
                  E7
Leaves my cabeza shaking.
        D   E7     A
You are just un poco loco.
```

Chorus 2

```
                  D            E7          A
He's just un poco crazy, leaves my cabeza shaking.
                  D            E7          A
He's just un poco crazy, leaves my cabeza shaking.
                  D            E7          A
He's just un poco crazy, leaves my cabeza shaking.
                  D            E7          A
He's just un poco crazy, leaves my cabeza shaking.
```

Outro

```
      D            E                  A
Un poquitititititititititititititititito loco.
```

Under the Sea

from THE LITTLE MERMAID

Music by Alan Menken
Lyrics by Howard Ashman

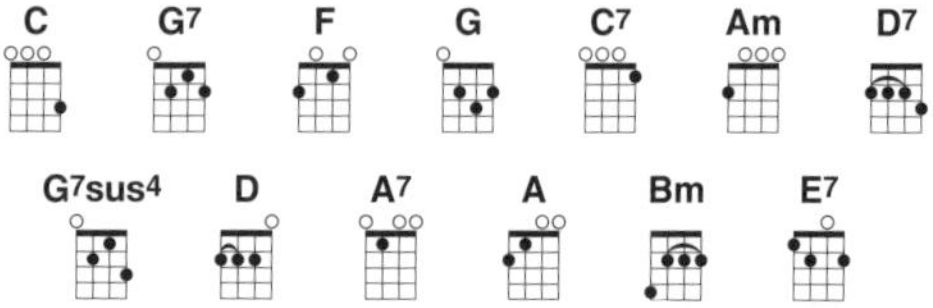

To match original recording, tune ukulele down a tone

Verse 1

```
C                  G7     C
  The seaweed is always greener
              G7     C
  In somebody else's lake.
                   G7     C
  You dream about going up there.
              G7        C
  But that is a big mis-take.
F                 C
  Just look at the world around you,
G7                    C
  Right here on the ocean floor.
F                 C
  Such wonderful things surround you.
G7                     C
  What more is you lookin' for?
```

```
             N.C          F    C              G7
Chorus 1     Under the sea,    under the sea.
             C            F                       G
               Darlin', it's better down where it's wetter.
                          C
             Take it from me.
             C7           F
               Up on the shore they work all day.
             G            Am
               Out in the sun they slave away.
             D7               F                  G7                  C  G7 C G7
               While we de-vo-tin' full time to floatin' under the sea.

             C                         G7    C
Verse 2        Down here all the fish is happy
                                       G7         C
               As off through the waves they roll.
                                 G7        C
               The fish on the land ain't happy.
                                         G7   C
               They sad 'cause they in the bowl.
             F                 C
               But fish in the bowl is lucky,
             G7               C
               They in for a worser fate.
             F                    C
               One day when the boss gets hungry
             G7                     C
               Guess who gon' be on the plate.
```

```
                N.C.       F    C              G7
*Chorus 2*      Under the sea,     under the sea.
                C           F                   G7       C
                   Nobody beat us, fry us and eat us in fricassee.
                C7             F
                   We what the land folks love to cook.
                G              Am
                   Under the sea we off the hook.
                D7              F                    G7
                   We got no troubles, life is the bubbles
                           F    C             G7
                Under the sea.     Under the sea.

                C             F                           G                    G7  C
*Verse 3*          Since life is sweet here, we got the beat here nat-ur-al-ly.
                C7          F                    G                 Am
                   Even the sturgeon an' the ray they get the urge 'n start to play.
                D7              F                  G7                 C
                   We got the spirit, you got to hear it under the sea.

                G7  C              G                           C
*Bridge*                The newt     play the flute. The carp     play the harp.
                          G                               C
                The plaice     play the bass. And they     soundin' sharp.
                         F                               C
                The bass     play the brass. The chub     play the tub.
                         G         G7       C
                The fluke     is the duke of soul.
                       G           G7                 C
                The ray     he can play. The lings     on the strings.
                         G           G7       C
                The trout     rockin' out. The blackfish, she sings.
                         F                                C
                The smelt     and the sprat they know     where it's at.
                   G          G7       C
                An' oh, that blowfish blow.
```

```
Interlude    | F      | C           | G7      | C      |

             | F      | G7          | C       | C7     |

             | F      | G7          | Am      | D7     |

             | F      | G7sus4  G7  | C       | G7  C  |

             |        | G7    C     | D       | A7  D  |

             |        |             |

                      G   D            A7
Chorus 3     Under the sea,    under the sea.
             D                   G                   A7                 D
               When the sar-dine begin the be-guine it's music to me.
             D7                  G
               What do they got, a lot of sand.
             A               Bm              E7
               We got a hot crustacean band.
                          G                              A7                D
             Each little clam here know how to jam here under the sea.
             A7  D            G                        A                 D
                 Each little slug here cuttin' a rug here under the sea.
             A7  D            G                              A
                 Each little snail here know how to wail here.
                               Bm                E7
             That's why it's hotter under the water.
                           G                             A7
             Yeah, we in luck here down in the muck here
                          D   A7  D  A7  D
             Under the sea.
```

We Know the Way

from MOANA

Music by Opetaia Foa'i
Lyrics by Opetaia Foa'i and Lin-Manuel Miranda

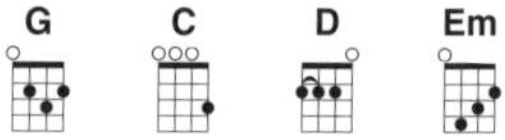

To match original recording, place capo on 2nd fret

Verse 1

```
G
   Tatou tagata folau vala'auina

E le atua o le sami tele e o mai
C                               D
   La ava'e le lu'itau e lelei.
           G
Tapenapena
```

Chorus 1

```
C
   Aue! Aue!
G
Nuku i mua.
D                G
   Te manulele e ta-ta-ki iei.
C
   Aue! Aue!
G
Te fenua te malie.
D
   Nae ko hakilia kaiga e.
```

Verse 2

```
G
   We read the wind and the sky, when the sun is high.

   We sail the length of the seas on the ocean breeze.
C                          D
   At night we name ev'ry star;
                       G
We know where we are.

We know who we are, who we are.
```

Chorus 2

```
C                    G
   Away, away,    we set a course to find
D                                   G
   A brand-new island ev-'ry-where we roam.
C                        G
   Away, away, we keep our island in our mind;
D
   And when it's time to find home,

We know the way.
```

Chorus 3

```
C                    D
   Away, away,
               Em                    D
We are ex-plor-ers reading ev'ry sign.
G                                  D
    We tell the stories of our elders
                          C
In a never-ending chain.
             D
Aue! Aue!
Em          G
Te fenua te malie.
D
   Nae ko hakilia.
                          G
We know the way!
```

We Don't Talk About Bruno

from ENCANTO

Music and Lyrics by Lin-Manuel Miranda

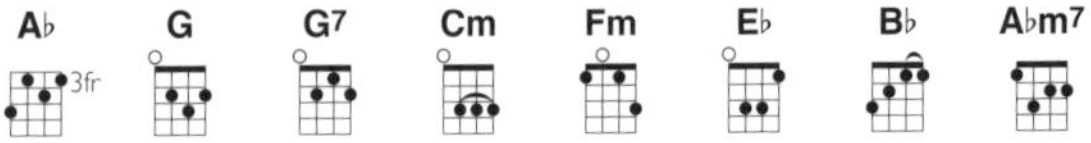

Intro

A♭ G
We don't talk about Bruno, no, no, no!
A♭ G7
We don't talk about Bruno...

Verse 1

Cm Fm
But, it was my wedding day. *(It was our wedding day...)*
G Fm
We were getting ready, and there
Cm Fm
Wasn't a cloud in the sky.
G Fm
(No clouds allowed in the sky)
Cm Fm G Fm
Bruno walks in with a mis-chie-vous grin *(Thunder!!)*
A♭ G7
—You telling this story or am I? *(I'm sorry, mi vida, go on...)*
Cm Fm G Fm
Bruno says, "It looks like rain." *(Why did he tell us?)*
Cm Fm G
In doing so, he floods my brain.
Fm
(Abuela, get the um-brel-las)
Cm Fm G
Married in a hurricane...
Fm
(What a joyous day but anyway...)

Chorus

```
Ab                    G7
   We don't talk about Bruno, no, no, no!
Ab                    G7
   We don't talk about Bruno!
```

Verse 2

```
Hey!
Cm                             Fm
Grew to live in fear of Bruno stuttering or stumbling,
G                              Fm
I can always hear him sort of muttering and mumbling.
Cm                      Fm          G7
I associate him with the sound of fall-ing sand, ch ch ch
Cm                    Fm
It's a heavy lift with a gift so humbling,
G                            Fm
Always left Abuela and the family fumbling,
Ab                                           G
Grappling with prophecies they couldn't un-der-stand.

Do you understand?
   Cm         Fm         G          Fm
A seven-foot frame, rats   along his back.
          Cm        Fm         G         Fm
When he calls your name it all   fades to black.
          Cm        Fm                 G          Fm
Yeah, he sees your dreams and feasts   on your screams.
```

Chorus

```
Ab                    G7
   We don't talk about Bruno, no, no, no!
Ab                    G7
   We don't talk about Bruno!
```

```
            Cm                  Fm
Verse 3        He told me my fish would die.
                       G7
            The next day: dead. (No, no)
            Cm                 Fm
               He told me I'd grow a gut!
                            G7
            And just like he said... (No, no)
                          Cm                   Fm
            He said that all my hair would disappear,
                            G7
            now look at my head.  (No, no.)
            A♭                                    G7
               Your fate is sealed when your prophecy is read!

            E♭                   B♭                           Cm
Verse 4     He told me that the life of my dreams would be prom - ised,
                              A♭
            and someday be mine…
            E♭                   B♭
            He told me that my power would grow, like the grapes
            Cm                           A♭
                that thrive on the vine…

            (Óye, Mariano's on his way)
            E♭                   B♭
            He told me that the man of my dreams would be just
            Cm
                out of reach
            A♭
            Betrothed to another…
            E♭                      B♭
               It's like I hear him now. (Hey, sis)
            Cm                         A♭
               It's like I can hear him now, I can hear him now!
            A♭   G
            Um, Bruno…
            A♭            G
               Yeah, about that Bruno…
```

(cont.)

A♭ G
I really need to know a-bout Bruno…
A♭ G
Gimme the truth and the whole truth, Bruno!
A♭m7
Is-a-bela, your boyfriend's here.

Time for dinner!

Verse 5

Cm Fm G Fm
It was my wedding day, we were getting ready and there
Cm Fm
Wasn't a cloud in the sky.
G Fm
(No clouds allowed in the sky)
Cm Fm G Fm
Bruno walks in with a mis - chie-vous grin *(Thunder!!)*
A♭ G7
—You telling this story or am I? *(Óye, Mariano's on his...)*
Cm Fm G Fm
Bruno says, "It looks like rain." *(Why did he tell us?)*
Cm Fm G
In doing so, he floods my brain.
Fm
(Abuela, get the um-brel-las...)
Cm Fm G
Married in a hurricane…
Fm
(What a joyous day!)
A♭ G7
Don't talk about Bruno, no!

(Why did I talk about Bruno?)
A♭ G7
Not a word about Bruno!
G G7 Cm
(I never should have brought up Bru-no!)

We Belong Together

from TOY STORY 3

Music and Lyrics by Randy Newman

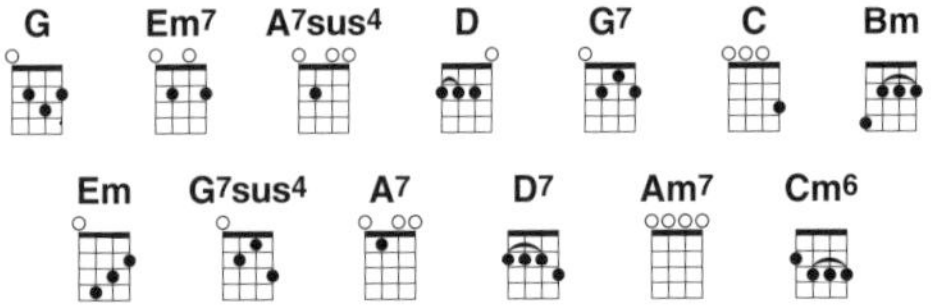

To match original recording, tune ukulele down one semitone

Play 6 times

Intro ||: G Em7 | A7sus4 D :||

Verse 1

G Em7 A7sus4 D
Don't you turn your back on me;
G Em7 A7sus4 D
Don't you walk away.
G Em7 A7sus4 D
Don't you tell me that I don't care,
G Em7 A7sus4 D
'Cause I do.
G Em7 A7sus4 D
Don't you tell me I'm not the one;
G Em7 A7sus4 D
Don't you tell me I ain't no fun.
G Em7 A7sus4 D G
Just tell me you love me like I love you.
G7 C
You know you do.

cont.

D
When we're to-geth-er,
Bm Em C
Grey skies clear up,
D
And I cheer up
G G7sus4 G7 C
To where I'm less depressed.
D
And sin-cere-ly,
Bm Em A7
From the bottom of my heart,

I just can't take it
D7 Em7 D7
When we're a-part.

Chorus 1

G Em7 C D
We belong to-geth-er.
G7 C
We belong to-geth-er.
Cm6 G
Yes, we do.
Em Am7 D
You'll be mine for-ev-er
G Em7 C D
We belong to-geth-er.
G7 C
We belong to-geth-er.
Cm6 G
You know it's true.
Em Am7 D
It's gonna stay this way for-ev-er, me and you.

Interlude

| G Em7 | A7sus4 D |

| G Em7 | A7sus4 D |

Verse 2

```
G      Em7             A7sus4      D
   If I could really talk to you,
G               Em7    A7sus4  D
   If I could find a way,
G              Em7             A7sus4       D           G
   I'm not shy, there's a whole lot I       wanna say.
Em7           A7sus4          D
  Of course        there is.
G              Em7              A7sus4    D
Talk about friendship and loyalty,
G              Em7              A7sus4       D
Talk about how much you mean to me,
G              Em7          A7sus4      D         G
  And I'd promise to always be by your side
      G7                           C
When-ev-er you'd need me.
           D
The day I met you
          Bm                     Em     C
Was the luckiest day of my life,
       D              G
And I bet you feel the same,
          G7sus4       G7    C
'Least I hope you do.
                 D
So don't forget    me
        Bm                         Em    A7
If the future should take you a-way.

You know you'll always be
D7       Em7   D7
Part of me.
```

```
Chorus 2  G              Em7   C        D
          We  belong    to-geth-er.
                         G7    C
          We  belong    to-geth-er.
                        Cm6
          'Way that I see it,
          G                      Em       Am7    D
            It's gon' be this way for-ev-er.
          G              Em7   C        D
          We  belong    to-geth-er.
                         G7    C
          We  belong    to-geth-er.
                   Cm6   G                Em             Am7     D
          Hon-est-ly.       We'll go on    this way for-ev-er.
                         G  Em7  A7sus4  D  G  Em7  A7sus4  D
          You and me.
                         G  Em7  A7sus4  D  G  Em7  A7sus4  D
          You and me.

                                                   Repeat to fade
Outro     ‖: G          Em7        | A7sus4      D          :‖
```

We're All in This Together

from HIGH SCHOOL MUSICAL

Words and Music by Matthew Gerrard and Robbie Nevil

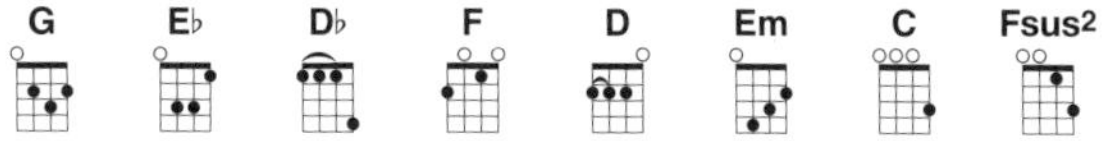

To match original recording, tune ukulele down one semitone

```
             G
*Intro*        Together, together, together, ev'ryone.

               Together, together, c'mon let's have some fun.

               Together, we're there for each other ev'rytime.

               Together, together, c'mon let's do this right.


             E♭                   D♭
*Verse 1*      Here and now, it's time for celebration.
             E♭                     D♭
               I fin'lly figured out,   yeah, yeah.
             E♭                     D♭
               That all our dreams have no limitations;
             E♭                           D♭
               That's what it's all about.


              F            E♭
*Pre-Chorus 1*  Ev'ryone is special in their own way;
              F                          E♭
                We make each other strong.
              F                         E♭
                We're not the same; we're diff'rent in a good way.
              F                            E♭    F
                Together's where we belong.
```

Chorus 1

```
          G           D     Em
We're all in this    to-geth-er;
G                   C
Once we know    that we are,
G                  C                 D
  We're all stars,    and we see    that.
          G           D     Em
We're all in this    to-geth-er,
G                 C                    G
And it shows    when we stand    hand in hand,
C                         D               Fsus2
   Make our dreams    come true.
```

Ev'rybody now:

Interlude *As Intro*

Verse 2

```
E♭                             D♭
    We're all here, and speaking out with one voice.
E♭                                          D♭
    We're gonna rock the house,       yeah, yeah.
E♭                               D♭
    The party's on; now ev'rybody make some noise.
E♭                                               D♭
    Come on and scream and shout.
```

Pre-Chorus 2

```
F                           E♭
    We've arrived be-cause we stuck together,
F                                  E♭      F
    Champions one and all.
```

Chorus 2

```
           G             D     Em
We're all in this    to-geth-er;
G                  C
Once we know    that we are,
G                  C                 D
  We're all stars,    and we see    that.
           G             D     Em
We're all in this    to-geth-er,
G               C                    G
And it shows    when we stand     hand in hand,
C                          D
    Make our dreams    come true.
           G             D     Em
We're all in this    to-geth-er;
G                  C
When we reach      we can fly,
G                  C                 D
    Know inside     we can make    it.
           G             D     Em
We're all in this    to-geth-er,
G               C                  G
Once we see    there's a chance
                C                  D
That we have      and we take     it.
```

Outro

```
Fsus2
Wildcats ev'rywhere,

Wave your hands up in the air.

That's the way we do it;

Let's get to it,
                         G
C'mon, ev'ryone!
```

When She Loved Me

from TOY STORY 2

Music and Lyrics by Randy Newman

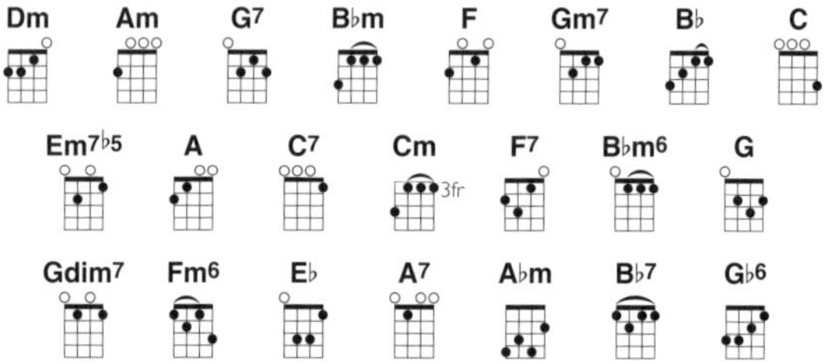

Intro | Dm Am | G7 B♭m | F | |

Chorus 1

```
               Gm7  F
When some-body loved me,
B♭    G7         C
Ev-'ry-thing was beautiful.
Em7♭5 A        Dm      F
Ev'ry  hour we spent to-geth-er
B♭                 C
Lives within my heart.
F          Gm7      F
And when she was sad,
B♭   G7     C
I was there to dry her tears;
Em7♭5        A         Dm      F          B♭
And when she was happy, so was  I,
        F   C7   F
When she loved me.
```

Verse 1

```
B♭
Through the summer and the fall,
    F        Cm    F7       B♭
We had each other, that was all.
     F       B♭  F      G7
Just she and I to-geth-er,
                     C
Like it was meant to be.
F           Gm7  F
And when she was lonely,
B♭    G7       C
I was there to comfort her,
      F7   B♭   F   C7    F
And I knew that she loved me.
```

Verse 2

```
Dm                B♭m6
So the years went by;
             F
I stayed the same.
    G      Gdim7  F     Fm6
But she be-gan to  drift a-way;
E♭    A7     Dm
I was left a-lone.
B♭m6   C7        A♭m     B♭7
Still  I  waited for the day when she'd say,
G♭6            A♭m     C7
"I will always love    you."
```

Verse 3

```
F        Gm7    F
Lonely and for-got-ten,
Bb      G7             C
Never thought she'd look my way,
Em7b5                  A       Dm      F
And she smiled at me and held me
     Bb                  C
Just like she used to do,
          F7    Bb
Like she loved me
            F      C7
When she loved me.
```

Chorus 2

```
F                Gm7  F
When some-body loved me,
Bb       G7          C
Ev-'ry-thing was beautiful.
Em7b5 A         Dm       F
Ev'ry  hour we spent to-geth-er
Bb                  C
Lives within my heart.
         F   C7    F
When she loved me.
```

A Whole New World

from ALADDIN

Music by Alan Menken
Lyrics by Tim Rice

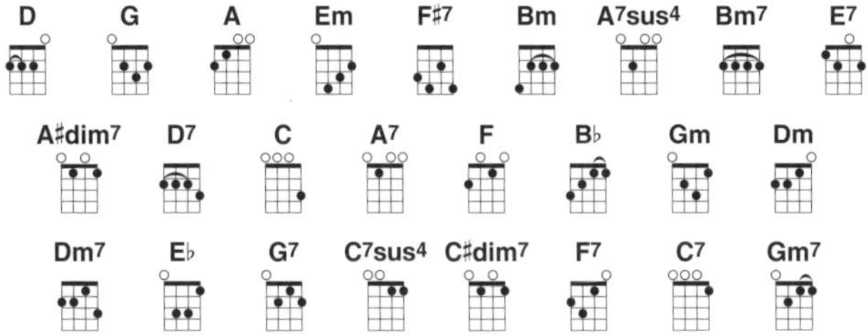

Verse 1

D
I can show you the world,
G A
Shining, shimmering, splen-did.
Em F♯7 Bm
Tell me, princess, now when did
G D A7sus4
You last let your heart de-cide?
D
I can open your eyes,
G A
Take you wonder by won-der,
Em F♯7 Bm
Over, sideways and under
G D
On a magic carpet ride.

```
                         A        D
Chorus 1     A whole new world,
                      A                         D
             A new fan-tas-tic point of view.
                      G       D
             No one to tell us no
               G           D
             Or where to go
               Bm7              E7                A7sus4
             Or say we're only    dreaming.
                         A        D
             A whole new world,
                      A             A#dim7       Bm
             A dazzling place I never     knew.
             D7             G         D
             But when I'm way up here,
                G        D
             It's crystal clear
                  Bm7       E7  C            A7            D
             That now I'm in a whole new world with you.

             F
Verse 2      Unbelievable sights,
                         Bb  C
             Indescribable feel-ing.
             Gm       A7               Dm
             Soaring, tumbling, free-wheeling
                       Bb                 F
             Through an endless diamond sky.
```

Chorus 2

```
                C       F
A whole new world,
              C                       F
A hundred thousand things to see.
             B♭              F
I'm like a shooting star,
       B♭              F
I've come so far;
  Dm7      G7        C7sus4
I can't go back to where I used to be.
                C       F
A whole new world,
                C          C#dim7        Dm
With new ho-ri-zons to         pursue
F7                  B♭    F
I'll chase them an-y-where.
           B♭        F
There's time to spare.
Dm7     G7          E♭            C7           Dm      F
Let me share this whole new world with you.
```

Outro

```
                B♭        F
A whole new world,
                         Gm7
That's where we'll be.
F               B♭
   A thrilling chase,
                C7sus4               F
A wondrous place for you and me.
```

When Will My Life Begin?

from TANGLED

Music by Alan Menken
Lyrics by Glenn Slater

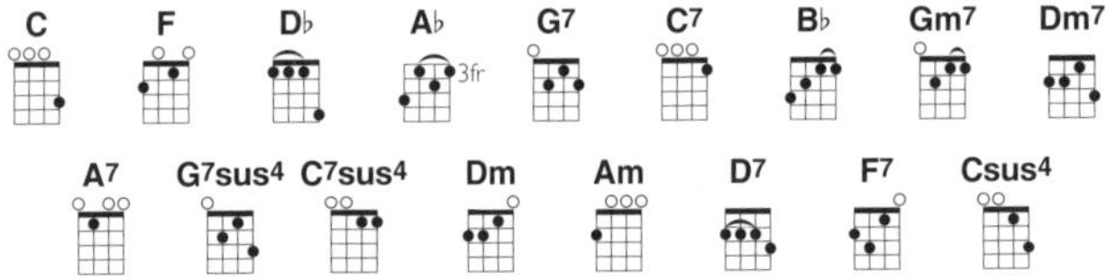

To match original recording, tune ukulele down one semitone

Verse 1

```
C                                       F
Seven a.m., the usual morning line up.
C                                                  F
Start on the chores, and sweep 'til the floor's all clean.
D♭                                          A♭
Polish and wax, do laundry, and mop, and shine up.
            C             F             G7        C7
Sweep a-gain, and by then it's, like, seven fif-teen.
              F      B♭              Gm7   F
And so I'll read a book, or maybe two or three;
            Dm7      G7               B♭   F
I'll add a few more paintings to my gal-le-ry;
                Dm7   G7
I'll play gui-tar, and knit,
                   B♭  A7  Dm7
And cook, and ba - sic -'ly  just wonder,
G7sus4               C7sus4 F    C7   F   C7   F
"When will my life  be-gin?"
```

Verse 2

C   F
Then after lunch, it's puzzles, and darts and baking…
C   F
Papier mâché, a bit of ballet and chess…
D♭   A♭
Pottery and ventriloquy, can-dle-mak-ing…
            C   F   G7   C7
Then I'll stretch, maybe sketch, take a climb, sew a dress.
              F   B♭   Gm7   F
And I'll re-read the books if I have time to spare.
                  Dm7   G7
I'll paint the walls some more;
                       B♭   F
I'm sure there's room some-where.
                  Dm7   G7
And then I'll brush and brush
                       B♭   A7   Dm7
And brush, and brush my hair,
                  G7sus4   B♭   A   Dm
Stuck in the same place I've al - ways been,
                   G7sus4   F
And I'll keep wond'ring and wond'ring
       B♭   Am   D7
And wond'ring and wond -'ring,
G7sus4   C7sus4   F
"When will my life   be-gin?"

Outro

F   B♭
  Tomorrow night…
      F   B♭
The lights will ap-pear,
F   B♭   F   Gm7   C
Just like they do on my birthday each year.
Dm7   G7   C7sus4   F7
What is it like out there where they glow?
B♭   F
Now that I'm older,
             B♭   Csus4   C
Mother might just let me go…

Winnie the Pooh

from THE MANY ADVENTURES OF WINNIE THE POOH*

Words and Music by Richard M. Sherman
and Robert B. Sherman

C7 F Gm F♯dim7 Am Dm G G7

Verse 1

```
Gm             C7          F      F♯dim7
Deep in the hundred acre wood
          Gm            C7        Fmaj7
Where Christopher Robin plays,
F♯dim7  Gm            C7          Am          Dm
You'll  find  the en-chant-ed neighbor-hood
     G7             C7          F
Of Christopher's childhood days.
```

Verse 2

```
  Gm                C7         F       F♯dim7
A donkey named Eeyore is his friend,
      Gm           C7     F
And Kanga and Little Roo.
          Gm          C7      F              Dm
There's Rabbit and Piglet and there's Owl,
     G7            C7            F
But most of all, Winnie the Pooh.
```


*Based on the "Winnie the Pooh" works, by A. A. Milne and E. H. Shepard

```
              C7
*Chorus 1*    Winnie the Pooh,
              F
              Winnie the Pooh.
              C7
              Tubby, little cubby
                  F
              All stuffed with fluff.
                    C7
              He's Winnie the Pooh,
              F
              Winnie the Pooh.
              C7                     F
              Willy nilly silly old bear.

              C7                     F       C7       F
*Outro*       Willy nilly silly old bear.
```

The World Es Mi Familia

from COCO

Music by Germaine Franco
Lyrics by Adrian Molina

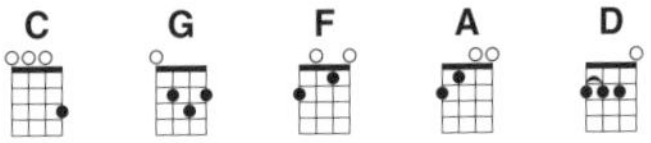


```
            C
Verse       Se-ño-ras y señores,
                                    G
            Buenas tardes, buenas noches.

            Buenas tardes, buenas noches,
                             C
            Señoritas y se-ño-res,

            To be here with you tonight
                                       G
            Brings me joy! ¡Qué a-le-gría!

            For this music is my language
                                   C    F   C
            And the world es mi fa-mi-lia.

            G                    C
Chorus      For this music is my language
                    F              C
            And the world es mi fa-mi-lia.
                    G            C
            For this music is my language
                    F              C     A
            And the world es mi fa-mi-lia.
                                 D
            For this music is my langua–, ah!
```

You'll Be in My Heart

(Pop Version)

from TARZAN®

Words and Music by Phil Collins

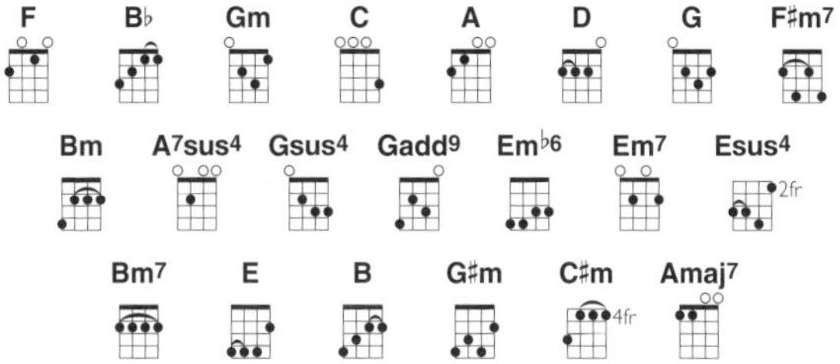

To match original recording, place capo on 1st fret

Intro

F
Come stop your crying, it will be all right.

Just take my hand, hold it tight.

B♭
I will protect you from all around you.

Gm C
I will be here, don't you cry.

Verse 1

F C F
For one so small you seem so strong.

C F
My arms will hold you, keep you safe and warm.

B♭
This bond between us can't be broken.

Gm C
I will be here, don't you cry.

```
            A        D              G
Chorus 1      'Cause you'll be in my heart,
               A               F#m7      Bm
            Yes, you'll be in my heart from this day on
                 G              C    A
            Now   and for-ev-er-more.
            D              G        A                F#m7
            You'll be in my heart no matter what they say.
                    Bm       G        C     A7sus4   G   A
            You'll be in my heart al-ways.

            F                                    C       F
Verse 1       Why can't they understand the way we feel?
                                                C       F
            They just don't trust what they can't ex-plain.
            B♭
              I know we're diff'rent, but deep inside us
            Gm                              C
              We're not that diff'rent at all.

            A     D              G
Chorus 2      And you'll be in my heart,
               A               F#m7      Bm
            Yes, you'll be in my heart from this day on
                 G              C
            Now   and for-ev-er-more.
```

Bridge

Gsus4 G Gadd9 G
Don't listen to them, 'cause what do they know?

(What do they know?)
Em♭6 Em7 Esus4 Em7
We need each other to have, to hold.
Bm7 C
They'll see in time, I know.
Gsus4 G Gadd9 G
When destiny calls you, you must be strong.

(Gotta be strong.)
Em♭6 Em7 Esus4 Em7
I may not be with you, but you've got to hold on.
Bm7 C
They'll see in time, I know.
D A
We'll show them to-geth-er, 'cause

Chorus 3

E A
You'll be in my heart,
B G♯m
Believe me you'll be in my heart.
C♯m A D B
I'll be there from this day on, now and for-ev-er-more.
E A
You'll be in my heart
B G♯m
(You'll be here in my heart.) No matter what they say.
C♯m A
(I'll be with you.) You'll be here in my heart
D
(I'll be there.) al-ways.
B Amaj7 E
Al-ways I'll be with you.
Amaj7 E
I'll be there for you always, always and al - ways.
Amaj7 E
Just look over your shoulder. Just look over your shoulder.
Amaj7 E
Just look over your shoulder, I'll be there always.

Yo Ho
(A Pirate's Life for Me)
from Disney Parks' 'Pirates of the Caribbean' Attraction

Words by Xavier Atencio
Music by George Bruns

To match original recording, tune ukulele down one tone

Verse 1

```
G       C  G              D7      G
Yo ho, yo ho, a pirate's life for me.
    Em                        B7
We pillage, plunder, we rifle and loot.
       Em                     B7
Drink up me 'earties, yo ho.
    Am          D7            G            Em
We kidnap and ravage and don't give a hoot.
       A7                     D7
Drink up me 'earties, yo ho.
```

Verse 2

```
G       C  G              D7      G
Yo ho, yo ho, a pirate's life for me.
    Em                        B7
We extort and pilfer, we filch and sack.
       Em                     B7
Drink up me 'earties, yo ho.
    Am            D7            G        Em
Ma-raud and em-bezzle and even hi-jack.
       A7                     D7
Drink up me 'earties, yo ho.
```

Verse 3

```
G        C  G                  D7       G
Yo ho, yo ho, a pirate's life for me.
     Em                        B7
We kindle and char and in-flame and ignite.
       Em                  B7
Drink up me 'earties, yo ho.
     Am          D7          G         Em
We burn up the city, we're really a fright.
       A7                  D7
Drink up me 'earties, yo ho.
```

Outro

```
B7       Em                                  B7
   We're rascals and scoundrels, we're villains and knaves.
       Em                  B7
Drink up me 'earties, yo ho.
       Am          D7                  G           Em
We're devils and black sheep, we're really bad eggs.
       A7                  D7
Drink up me 'earties, yo ho.
G        C  G                  D7       G
Yo ho, yo  ho, a pirate's life for me.
```

You Can Fly! You Can Fly! You Can Fly!

from PETER PAN

Words by Sammy Cahn
Music by Sammy Fain

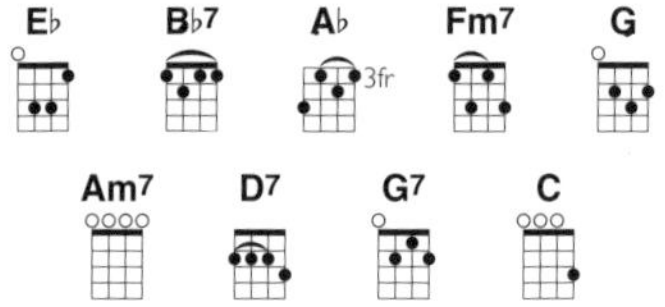

Verse 1

E♭
Think of a wonderful thought,

Any merry little thought.
B♭7 E♭
Think of Christmas, think of snow,
B♭7 E♭
Think of sleigh bells, off you go!
A♭
Like reindeer in the sky.
B♭7 E♭ Fm7 B♭7 E♭
You can fly! You can fly! You can fly!

Verse 2

E♭
Think of the happiest things,

It's the same as having wings.
B♭7 E♭
Take the path that moonbeams make.
B♭7 E♭
If the moon is still a-wake.
A♭
You'll see him wink his eye.
B♭7 E♭ Fm7 B♭7 E♭
You can fly! You can fly! You can fly!

```
             G                 Am7      D7
***Bridge*** Up you go with a heigh and ho,
                   G                  Am7    D7
             To the stars  beyond  the  blue.
                      G             G7          C
             There's a Never Land waiting for you
                    G                Am7    D7    G
             Where all your happy dreams come true.
                    Fm7              B♭7                E♭
             Every dream that you dream will come true.

             E♭
*Verse 3*    When there's a smile in your heart

             There's no better time to start.
             B♭7               E♭
             Think of all the joy you'll find
             B♭7                     E♭
             When you leave the world behind
                  A♭
             And bid your cares goodbye.
             B♭7        E♭                 B♭7       E♭     Fm7    E♭    Fm7    E♭
             You can fly! You can fly! You can fly!
```

You're Welcome

from MOANA

Music and Lyrics by Lin-Manuel Miranda

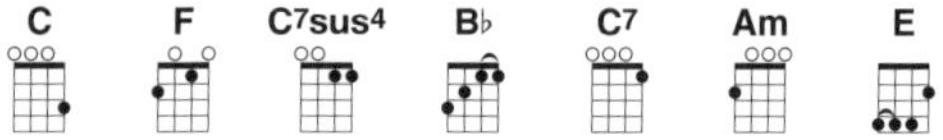

Verse 1

C F
I see what's happening, yeah:
C7sus4 C
You're face to face with greatness, and it's strange.
F
You don't even know how you feel, it's a-do-ra-ble.
C7sus4 C
Well, it's nice to see that humans never change.
F
Open your eyes, let's be-gin:
C7sus4
Yes, it's really me, it's Maui, breathe it in,
C F
I know it's a lot: the hair, the bod,
B♭ C7
When you're staring at a demigod.

Chorus 1

Am F C
What can I say except, "You're wel - come,
E Am
For the tides, the sun, the sky"?
F C
Hey, it's okay, it's okay: you're wel - come.
E C
I'm just an ordinary demiguy.

Verse 2

```
                                                          F
Hey, what has two thumbs and pulled up the sky
                                C7sus4
When you were waddling yea high? This guy!
C
   When the nights got cold,
                 F
Who stole you fire   from down below?
C7sus4
   You're looking at him, yo.
C                     F
Oh, also, I lassoed the sun.

You're welcome.
C7sus4                                C
    To stretch your days and bring you fun.
                            F
Also, I harnessed the breeze.

You're welcome.
   Bb            C7           Am
To fill your sails and shake your trees.
```

Chorus 2

```
Am            F                 C
So what can I say   except, "You're wel - come,
      E                        Am
For the is - lands I pulled from the sea"?
                      F               C
There's no need to pray,   it's okay, you're wel - come.
     E                              Am
Huh! I guess it's just my way of being me!
         F              C
You're wel - come! You're wel - come!
                   C5
Well, come to think of it:
```

C N.C.
Rap Kid, honestly, I could go on and on.

I could explain ev'ry nat'ral phenomenon.
C N.C.
The tide? The grass? The ground?

Oh, that was Maui, just messing around.
C N.C.
I killed an eel, I buried its guts,

Sprouted a tree: now you got coconuts!
C N.C.
What's the lesson? What is the takeaway?

Don't mess with Maui when he's on a breakaway.
Am N.C.
And the tapestry here in my skin
F N.C.
Is a map of the vict'ries I win!
C N.C.
Look where I've been! I make ev'rything happen!
E
Look at that mean mini Maui, just tickety

Tappin'! Heh, heh, heh,

Heh, heh, heh, hey!

Outro

```
Am                  F                         C
      Well, anyway,   let me say, "You're wel - come,
            E                          Am
For the won - derful world you know."
               F                     C
Hey, it's okay,    it's okay: you're wel - come.
      E                              Am
Well, come to think of it, I gotta go.
                  F                     C
Hey, it's your day    to say, "You're wel - come,"
       E                          Am
'Cause I'm gonna need that boat.
                  F                  C
I'm sailing away,    away. You're wel - come,
       E                                 Am
'Cause Maui can do ev'rything but float!
           F                   C
You're wel - come! You're wel - come!
F   C  N.C.             C
       And thank you!
```

You've Got a Friend in Me

from TOY STORY

Music and Lyrics by Randy Newman

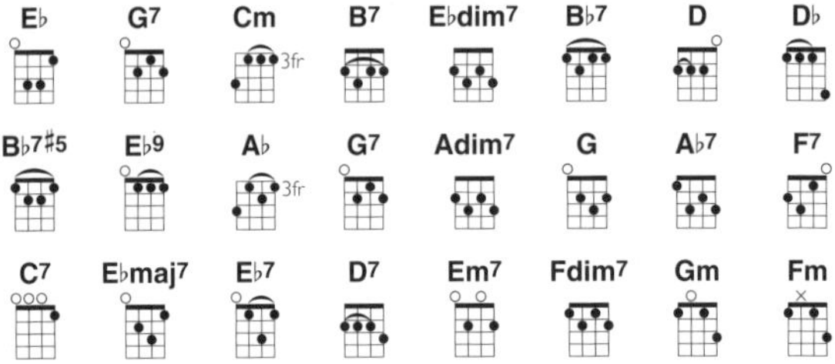

Intro | Eb G7 | Cm B7 | Eb Ebdim7 Bb7 |

| Eb D | Db D |

Verse 1

Eb Bb7#5 Eb9
You've got a friend in me.
Ab Adim7 Eb
You've got a friend in me.
Ab Eb G7 Cm
When the road looks rough ahead
Ab Eb G7 Cm
And you're miles and miles from your nice warm bed,
Ab D Eb G Ab7 G Cm
You just re-mem-ber what your old pal said:
F7 Bb7 Eb C7
Son, you got a friend in me.
F7 Bb7
Yeah, you've got a friend in me.

Instru | Eb G7 | Cm B7 | Eb Ebdim Bb7 |